CB058557

Para

com votos de paz

/   /

DIVALDO FRANCO
PELOS ESPÍRITOS
VIANNA DE CARVALHO E JOANNA DE ÂNGELIS

Momentos de Sublimação

LEAL

SALVADOR
1. ed. – 2018

© (2018) Centro Espírita Caminho da Redenção – Salvador, BA.
1. ed. – 2018
10.000 exemplares

Revisão: Lívia Maria Costa Sousa
　　　　 Adriano Mota Ferreira
Editoração eletrônica: Ailton Bosco
Capa: Cláudio Urpia
Coordenação editorial: Lívia Maria Costa Sousa
Produção gráfica:
　　　LIVRARIA ESPÍRITA ALVORADA EDITORA
　　　Telefone: (71) 3409-8312/13 – Salvador, BA.
　　　E-mail: <leal@mansaodocaminho.com.br>
　　　Homepage: <www.mansaodocaminho.com.br>

Dados Internacionais de Catalogação na Publicação (CIP)
(Catalogação na Fonte)
BIBLIOTECA JOANNA DE ÂNGELIS

F825	FRANCO, Divaldo Pereira. 　　*Momentos de sublimação*. 1. ed./ Pelos Espíritos Vianna de Carvalho e Joanna de Ângelis [psicografado por] Divaldo Pereira Franco. Salvador: LEAL, 2018. 　　240 p. 　　ISBN: 978-85-8266-209-0 　　1. Psicografia 2. Espiritismo 3. Reflexões morais 　　I. Franco, Divaldo II. Título 　　　　　　　　　　　　　　　　　　　CDD: 133.93

DIREITOS RESERVADOS: todos os direitos de reprodução, cópia, comunicação ao público e exploração econômica desta obra estão reservados, única e exclusivamente, para o Centro Espírita Caminho da Redenção. Proibida a sua reprodução parcial ou total, por qualquer forma, meio ou processo, sem a expressa autorização, nos termos da Lei 9.610/98.

Impresso no Brasil
Presita en Brazilo

SUMÁRIO

Momentos de sublimação   7

Mensagens de Vianna de Carvalho

1	Glória de um dia	13
2	Grandeza e miséria humanas	23
3	Fenomenologia mediúnica	33
4	Exaltando *O Livro dos Médiuns*	41
5	O perispírito	49
6	Sofrimentos coletivos	57
7	Crueldade inimaginável	65
8	Desafios à paciência	73
9	Auditórios sofisticados	81
10	Reflexões espíritas na atualidade	89
11	O primado do Espírito	97

12	Informações descabidas	103
13	Allan Kardec, missionário de Jesus	109
14	Legitimidade do Espiritismo	117
15	Desafios à fé	125
16	Jesus!	133
17	*O Evangelho segundo o Espiritismo*	141
18	Predominância do egoísmo	147
19	Evolução do Cristianismo	157
20	Relacionamentos fraternais	165
21	Terrorismo	171
22	Saudação a Allan Kardec	177
23	Exaltação ao *Livro dos Espíritos*	183
24	Construindo o mundo do amanhã	189
25	O livro da sabedoria	197

Mensagens de Joanna de Ângelis

26	Interferências espirituais	205
27	Recurso da oração	211
28	Existência formosa	217
29	Calúnias	225
30	Sublimidade do amor	231

MOMENTOS DE SUBLIMAÇÃO

*A EXISTÊNCIA HUMANA ALCANÇA NA ATUALIDADE **seu momento de apogeu**, em face das conquistas do pensamento através dos avanços audaciosos da Ciência e da tecnologia.*

Hipóteses que há pouco tempo pareciam absurdas encontram-se transformadas em realidade, e sonhos que se apresentavam inalcançáveis tornaram-se realidade, enquanto o progresso em todas as áreas do conhecimento alarga-se em proporção inimaginável.

Futurólogos, que desenharam as paisagens que deveriam pertencer ao futuro aturdem-se ao constatar que esse porvir já chegou e está sendo ultrapassado por mecanismos fantásticos e instrumentos que facilitam a existência de maneira totalmente imprevista.

Os laboratórios e oficinas do futuro estão sendo modificados ante o inesperado resultado das pesquisas formidandas da imaginação transformada em veículo de inspiração e de atividades virtuais.

Enquanto a eletricidade proporcionou mudanças completas na sociedade, a eletrônica ampliou de tal forma as possibilidades de realizações que se chega à conclusão de que praticamente tudo é possível de ser conseguido nos laboratórios sofisticados e de investimentos incalculáveis.

APOGEU
O mais alto grau, o ponto culminante; acume, ápice, auge.

FORMIDANDO
Espantoso; formidável.

Divaldo Franco • Vianna de Carvalho • Joanna de Ângelis

A cada momento, algo apresentado há pouco, na condição de última palavra naquele gênero, já surge novo protótipo ultrapassando o anterior em qualidade e possibilidades que exigem largo período de experiência, a fim de ser manejado.

A renovação apresenta-se em toda parte, e a incessante transformação de métodos e de mecanismos para tornar a vida melhor desafia os indivíduos mais habilitados, que se tornam *expertos* e capacitados para os utilizar. Mas não se podem deter no que foi logrado, porque febrilmente surgem equipamentos mais complexos e formidandos.

> **EXPERTO**
> Diz-se de ou indivíduo com conhecimento ou habilidade adquirida pela experiência; perito; provecto.

A Lei de Progresso é indiscutível, e todo aquele que não busca avançar desfalece no caminho, permanece superado. Indispensável que o movimento e a experimentação façam-se contínuos.

Dessa forma, impõem-se o estudo constante e o trabalho de investigação e de adaptação aos denominados novos tempos.

O ser humano avança com passos largos na direção do infinito, penetrando nas micropartículas e no macrocosmo, de modo a viver os padrões das inumeráveis realizações do engenho moderno.

Há glórias da inteligência e carências do sentimento.

Todos esses e outros mais grandiosos milagres da evolução, no entanto, não conseguiram a paz da Humanidade nem a transformação moral de todos para melhor.

❖

Os monstros da guerra, da fome, da violência e os tormentos emocionais ampliam-se, produzindo terríveis dramas que retiram a beleza dos investimentos da inteligência voltada para os valores externos em detrimento das inabordáveis propostas do amor.

O sexualismo finge que expressa o amor, quando se transforma em paixão *mórbida*, reduzindo o ser humano ao aparelho genésico em plena desarmonia.

> **MÓRBIDO**
> Que causa doença ou que é efeito dela.

O individualismo apodera-se do ser humano, em mecanismo de autodefesa, quando, em verdade, trata-se de fuga da fraternidade, ausência de sentimento de ternura e de amizade.

A violência, sob vários aspectos considerada, agiganta-se, e em quase todas as oportunidades de júbilo ou dor explode em agressividade assustadora.

A mulher e o homem modernos perderam a direção da felicidade e atiram-se ao prazer nas suas mais grosseiras expressões, mesmo aquele que é gerador do sofrimento dos outros, mas nutre os infelizes com os tóxicos da vingança injustificável, do terror anárquico.

Na razão direta em que a ética vem cambaleando, a sede de liberdade destrutiva toma conta das pessoas e das nações, liberando os instintos que se vêm disciplinando sob os camartelos do sofrimento e empurram a cultura para a barbárie emocional...

Muita falta fazem as lições de Jesus na sociedade bem equipada por fora e totalmente alienada interiormente.

A coragem da fé é transformada na audácia da agressividade, e a cada momento as aberrações surgem, não mais chocando as criaturas que a elas lentamente se acostumam.

É necessário reverter esse processo, por intermédio das incomparáveis lições oferecidas pelos imortais que retornam e convocam o ser humano ao esforço da dignidade, da ternura e do amor.

Há sede de paz e de afeição, mesmo nos seres mais atormentados, e especialmente neles.

CAMARTELO
(Fig.) Qualquer instrumento ou objeto usado para quebrar, demolir, bater repetidamente.

ALIENADO
Que ou aquele que se mantém alheio à realidade que o cerca; alheado.

❖

Assim pensando, o Espírito Manuel Vianna de Carvalho reuniu inúmeras páginas que foram ditadas ao longo dos últimos anos, recordando a excelência do Espiritismo e das suas obras, do eminente codificador e suas incomparáveis realizações, para propor aos leitores sinceros e desejosos de harmonia e felicidade os roteiros de paz e de iluminação nelas expressas.

    Convidou-nos, o gentil amigo, a participar do seu empenho, e aqui estamos com algumas reflexões...

    Quando encarnado, o nobre militar dedicou-se à divulgação e vivência do Espiritismo por todos os meios ao seu alcance. No Mais-além, continua *laborioso* no mesmo ministério, auxiliando todos aqueles que se interessam por um mundo melhor e um sociedade mais justa.

    Ambos reconhecemos a singeleza da nossa contribuição, sem notícias nem propostas salvacionistas, mas na condição de operários que estão também construindo a catedral do amor e da espiritualidade na Terra.

> **LABORIOSO**
> Que labora, que trabalha muito, que se esforça; incansável.

Salvador, 14 de julho de 2018.
Joanna de Ângelis

MENSAGENS DE VIANNA DE CARVALHO

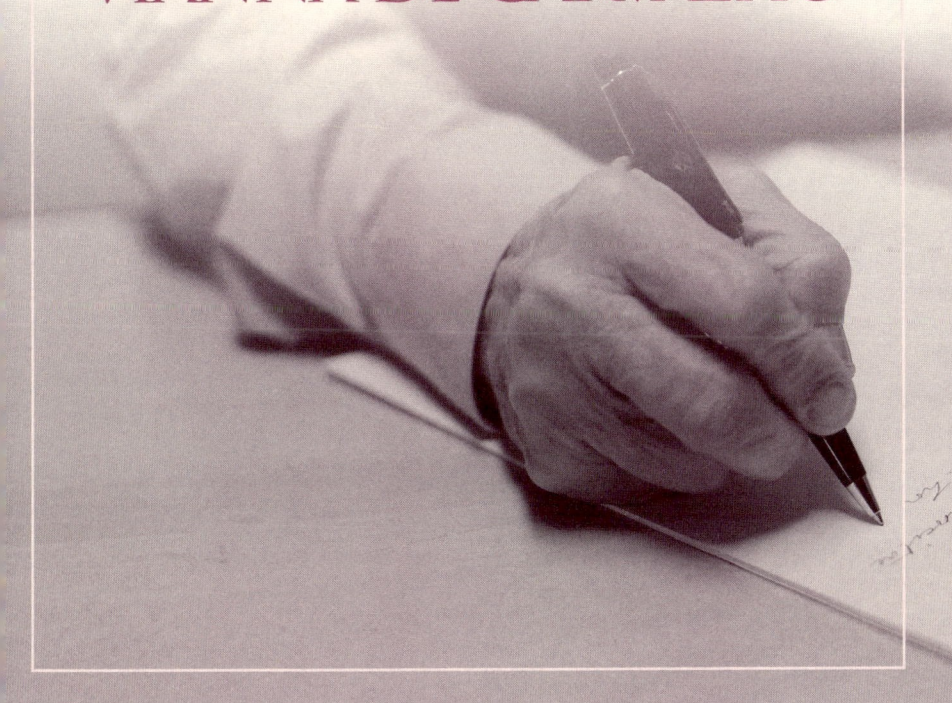

CAPÍTULO 1

GLÓRIA DE UM DIA

Vianna de Carvalho

O IMPERADOR JUSTINIANO fez-se celebrar na História da Humanidade pelos seus feitos notáveis, seja na condição de militar honrado, seja na de administrador sábio.

Desde o berço que se encontrava assinalado para a grandeza, pois que sua genitora era irmã de Justino, que se faria mais tarde imperador do Ocidente e o nomearia, inicialmente, como cônsul e, mais tarde, como general dos exércitos, permitindo-lhe ser um cooperador nas complexas atividades governamentais, em razão da sua inteligência e da sua formação educativa, especialmente nas áreas da jurisprudência e da filosofia...

Antes dele, os imperadores do Oriente intentaram inutilmente dominar o Ocidente sem lograr qualquer êxito.

Pertinaz nos seus objetivos bélicos e confiante na fatalidade do seu destino, não cessou de lutar para alcançar a culminância das suas ambições.

O seu amor ao Império Romano fez que o unificasse durante um largo período, voltando, praticamente, a uni-lo após a sua divisão no ano de 384 por ocasião da decadência de Teodósio I, que proporcionou duas capitais, uma para o Ocidente, Roma, e outra para o Oriente, Constantinopla.

PERTINAZ
Que tem muita tenacidade; persistente, pervicaz.

Após a desencarnação de Justino, tornou-se o governante único e transformou Constantinopla na capital do Império, onde se instalou o poder temporal, ficando o espiritual em Roma, na pessoa do papa.

Depois das vitórias de Belisário, que recuperou, nas lutas intérminas, a grandeza de Roma, então decadente, o seu poder fez-se reconhecido em toda parte.

Depois de consorciar-se com Teodora, segundo alguns, uma atriz que concedia muitos favores por alto preço, mulher caprichosa e de grande inteligência, embelezou a cidade, tornando-a digna de ser a mais bela da sua época, atraindo artistas e construtores geniais, que a transformaram numa verdadeira joia, ampliando o poder da Igreja Romana, assim como o da Ortodoxa, com destaque para a segunda, que ele desejava se tornasse a única, soberana e dominadora...

As divergências, no entanto, decorrentes das paixões humanas entre as duas igrejas, a de Roma e a oriental, culminaram em uma milenária separação que as transformou em inimigas irreconciliáveis, com as infelizes consequências de situações dessa natureza.

Considerado uma personalidade incomum pelos gestos de grandeza e de proteção ao Estado, a sua trajetória assinalou esse como o período de maior prosperidade do Império no século VI...

O fastígio que então dominava o mundo oriental foi utilizado para manter a pompa no palácio grandioso, onde eram decididas as questões do mundo sob sua governança, numa época de arbitrariedades do poder temporal, em que a vida humana era de insignificante valia.

Pode-se afirmar que foi um grande legislador, por entender que a preservação do Estado depende demasiadamente das leis em que se estrutura, conseguindo harmonizar as antigas do código romano com o Cristianismo, tornando-as harmônicas,

MILENÁRIO
Que tem mil anos; milenar.

FASTÍGIO
Posição de grande relevo, de alta relevância; apogeu; auge.

VALIA
Valor intrínseco ou extrínseco que se dá a uma pessoa ou coisa, que é determinado por suas qualidades; validade, valor.

ambicionando, sem dúvida, lograr a postura de que o imperador era, de alguma forma, o representante de Deus no mundo, conforme o papado mais tarde conseguiria, para maior degradação do pensamento de Jesus, adulterado pela organização político-religiosa em que se transformou o Cristianismo a partir do Édito de Milão, de 13 de junho de 313, de infelizes consequências doutrinárias e espirituais...

Infelizmente, no fastígio do poder, apaixonado pela mulher exigente e astuta que também com ele governava, muitas vezes pretendendo interferir nos ditames religiosos, após terrível incidente, conforme narrado por cronistas da época, assinalando que, revoltada pelo orgulho que demonstravam as antigas companheiras de irregularidades morais, que a apontavam como triunfadora, apesar do seu passado injurioso, teria mandado matá-las, a fim de silenciá-las, provocando em toda parte revolta e ressentimento...

Em razão de ser parte do Cristianismo a reencarnação, comentava-se largamente que ela teria que voltar à Terra em situação calamitosa, a fim de resgatar o hediondo crime contra suas irmãs de bordel, o que a afligia.

Desencarnando por volta de 548, teria solicitado ao esposo angustiado que, na primeira oportunidade, tomasse providências para retirar da religião, conforme escrito por Orígenes, na sua *Doutrina dos Princípios,* a nobre tese dos renascimentos corporais...

Tomado de profunda depressão, Justiniano convocou o II Concílio de Constantinopla em 553, ao qual o papa se opôs, sendo *persuadido* pelas forças militares do imperador, e dolorosamente, num ardil bem elaborado, uma comissão do mesmo conclave condenou as doutrinas de Orígenes como heréticas, nelas embutida a reencarnação...

O atrevimento humano não tem limites, porquanto o homem ensoberbece-se de tal forma que passa de submetido a

ÉDITO DE MILÃO
Documento assinado por Constantino e Licínio que assegurava a tolerância e liberdade de culto para com os cristãos, alargada a todo o território do Império Romano.

II CONCÍLIO DE CONSTANTINOPLA
Quinto concílio ecumênico, reunido num anexo da Igreja de Santa Sofia, entre os dias 5 de maio e 2 de junho de 553, com o objetivo de cercear a influência que os monofisitas tinham atingido. Foram censurados escritos de Orígenes e confirmadas a divindade de Cristo, a concepção de Maria como a Mãe de Deus e o dogma da Santíssima Trindade.

CONCLAVE
Reunião de pessoas para tratar de algum assunto importante.

Deus e às Suas Leis a submetê-lO às suas paixões, governando da Terra em direção ao Mundo espiritual...

Irrisão humana, filha espúria da sua ignorância e da sua prepotência.

Mesmo antes da morte de Teodora, por volta do ano de 548, toda a glória do império de Justiniano entrou em decadência, em razão da peste que grassou, dizimando centenas de milhares de vidas, enquanto amargurado, sem o apoio da companheira sedutora, ele permaneceu ainda no corpo por quase uma vintena de anos.

Indubitavelmente, os seus feitos permaneceram grandiosos e ensejaram à antiga Bizâncio o prestígio que a manteria pelos séculos futuros, mesmo quando os Otomanos a tomaram, muito mais tarde, e dela fizeram uma verdadeira pérola no Estreito de Bósforo, desdobrando-se nos dois continentes, o europeu e o asiático.

Quase quinze séculos depois, Istambul exulta, atraindo o mundo civilizado para conhecer-lhe a história, os seus monumentos islâmicos e os antigos do Cristianismo, como a Igreja de Santa Sofia (*Hagia Sophia*: Divina Sabedoria), que ele mandara erguer e tem resistido aos tempos e aos terremotos que, vez que outra, assolam o país, enquanto a sua glória de um dia, que certamente ficou muito distante, esfuma-se lentamente...

Nada obstante, a sua decisão alucinada de retirar a reencarnação da cultura terrestre resultou em inutilidade, porque a maioria das doutrinas orientais fundamenta os seus conceitos de justiça de Deus, de amor e de evolução nas existências sucessivas, que Allan Kardec, o egrégio codificador do Espiritismo, transformou num dos nobres paradigmas da Doutrina que ofereceu ao mundo e hoje é adotada por centenas de milhões de criaturas...

Da mesma forma, o poder temporal, que desapareceu nas brumas do tempo, vem destruindo o espiritual pertencente

---

IRRISÃO
Ato de zombar; escárnio; mofa.

ESPÚRIO
Que não segue os princípios da lei, de hábitos e costumes.

GRASSAR
Reproduzir-se e alastrar-se progressivamente; propagar-se.

OTOMANO
Relativo ao antigo Império Turco dominado por Osman (1259-1326), seu imperador; diz-se de ou habitante desse antigo império.

ESTREITO DE BÓSFORO
Canal que liga o Mar de Mármara ao Mar Negro e separa a Europa da Ásia.

EGRÉGIO
Muito distinto; notável por suas obras ou feitos; emérito, insigne, ilustre.

BRUMA
(Fig.) Incerteza, obscuridade.

às religiões que ele vitalizou, e não puderam resistir à força do progresso, que é lei da Natureza, embora a Igreja Ortodoxa o tenha elegido à condição de santo na sua hagiografia...

Ninguém, força humana alguma, poderá deter o progresso, e tudo se transforma com o tempo, sendo permanente somente o que procede do Pai Celestial.

É por essa assim como por outras razões que o Espiritismo *marcha ao lado da Ciência, mas não se detém onde esta para, seguindo além...* conforme declarou Allan Kardec com elevada sabedoria.

Na atualidade, apenas restam do esplendor do palácio de Justiniano alguns metros quadrados de ricos painéis em mosaicos deslumbrantes, porque o mais, o tempo, na sua voragem destrutiva, tudo consumiu.

Num contraste incomum, o Mártir da Cruz, quanto mais passa o tempo, melhor penetra no cerne dos seres humanos, e Sua voz doce e forte continua cantando as incomparáveis canções da imortalidade e do amor, arrebatando vidas para o Seu Reino...

CERNE
(Fig.) Parte essencial; âmago, fulcro, íntimo.

CAPÍTULO 2

GRANDEZA E MISÉRIA HUMANAS

Vianna de Carvalho

Pode-se afirmar que a *Mãe Rússia* iniciou a sua história a partir do século XVI, com o surgimento do Principado de Kiev, culminando no século XVII com o aparecimento da cidade de Moscou.

A iniciativa de ser criada uma capital para os inumeráveis grupos étnicos que dominavam largas regiões da Europa e da Ásia tinha como propósito principal a necessidade de erguer-se um império capaz de resistir às invasões dos inimigos fronteiriços.

Elegendo-se a região pantanosa de São Petersburgo para sediar a capital, no início, que mais tarde seria transferida para Moscou, os seus czares, ou césares, destacaram-se pela ânsia de poder, de luxo e de selvageria.

Grandes construtores e hábeis comandantes de tropas, que se espalhavam de um lado a outro do país, deixaram um grandioso legado à Humanidade, especialmente no que se refere às conquistas, à arte, aos tesouros de metais preciosos e pedras raras, algumas das quais únicas existentes no mundo.

Os seus escritores, culminando com Púchkin, a quem se deve a consolidação do seu atual idioma, inscreveram nos anais da História nomes, na poesia, na literatura, na dramatur-

CZAR
Título que se dava ao imperador da Rússia desde 1547 até a revolução bolchevista de 1917, e que na Idade Média fora também usado pelos soberanos búlgaros e sérvios.

ANAIS
História de um povo contada ano por ano; registro da história, ou narração, organizada ano a ano.

gia, como os de Dostóievski, Tolstoi, Gogol, Evtuchenko, que imortalizaram a sua vasta e gloriosa cultura.

De Ivan, o Terrível, a Catarina, a Grande; de Pedro, o Grande, a Carlos, o Império Russo destacou-se no passado como um dos mais gloriosos e combativos, sempre contando com o clima severo que, mais de uma vez, impediu que os conquistadores pudessem governá-lo nos terríveis dias das temperaturas negativas, incluindo o quase invencível corso Napoleão Bonaparte, o que se repetiu durante a Segunda Guerra Mundial em relação ao expansionismo nazista e indômita coragem do seu povo...

> **CORSO**
> Relativo ou pertencente à ilha de Córsega (França); córsico.

> **INDÔMITO**
> Que não se deixa vencer ou subjugar.

Trazido o alfabeto grego pelos sacerdotes Cirilo e Teodósio, no século X, antes da chegada do Cristianismo ortodoxo, para servir de modelo à comunicação entre os habitantes que falavam múltiplos dialetos e idiomas, introduziram também a Religião que iria predominar apaixonadamente como a salvadora de todos os indivíduos, especialmente aqueles que fossem generosos para com a doutrina, nisso incluindo os governantes.

O homicídio insano, decorrente da ânsia do poder, e para não o perder, era cometido com naturalidade sob o olhar complacente do soberano, ou mesmo graças a ele, qual ocorreu com Catarina que, ante qualquer suspeita de conspiração, real ou imaginária, mandava exterminar o indivíduo ou o grupo sob observação.

A grande czarina, objetivando libertar-se da culpa, justificava a sua ação nefanda explicando que matar o inimigo era uma atitude de preservação do trono e da própria vida, mas se por acaso ele fosse inocente, deveria isso ser considerado uma honra, senão uma bênção, porquanto, nessa condição, mais facilmente entraria no Reino dos Céus, por ser vítima de uma ação infeliz.

> **NEFANDO**
> Não merecedor de se nomear; abominável, execrável, infando.

O czar Carlos, igualmente, utilizava-se de um copo com mais de um litro de capacidade para líquidos e obrigava aqueles que, com ou sem motivo, eram considerados em determinados momentos como conspiradores que sorvessem todo o conteúdo, enquanto ele observava a cena hedionda, comprazendo-se.

Venenos de efeitos terríveis, punhais muito bem manipulados, criminosos mercenários sempre estiveram ao lado dos imperadores *zelando*, odientos, pelas suas vidas, mediante o extermínio indiferente de outras tantas.

As suas construções palacianas foram planejadas pelos mais hábeis arquitetos europeus, que eram buscados nos seus países a peso de ouro, e atingiram o máximo das suas habilidades para adornar essas monumentais edificações, tornando-as ímpares, nas áreas imensas ajardinadas, irrigadas por fontes e monumentos incontáveis, com tílias, bétulas, carvalhos e que se transformariam em bosques portadores de beleza majestosa.

Pedras dos Montes Urais e ouro, marfim e pérolas, âmbar e mármores raros, lápis-lazúlis e esmeraldas colossais, diamantes e platina, rubis e prata, tecidos especialmente elaborados empregavam milhares de artesãos que cuidavam da decoração dos grandiosos monumentos, enquanto as tapeçarias imensas exigiam um ano de trabalho para cada metro quadrado, para honrar o soberano nem sempre digno desse nome.

Terminada no Kremlin a monumental Basílica do Manto da Virgem, posteriormente dedicada a S. Basílio, o Profeta, Ivan, o Terrível, perguntou aos seus arquitetos se eles seriam capazes de construir novamente algo tão extraordinário, e ante a afirmação ingênua deles, mandou cegá-los, a fim de que nunca mais se pudesse repetir a façanha sem igual...

Mesmo o último czar, Nicolau II, com sua família, assassinados vilmente em Ecaterimburgo, por ordem de Yakov Sverdlov, representando os bolcheviques que tomaram o poder na Revolução de 1917, havia governado com mão de ferro e impiedade o povo que estorcegava na miséria, na fome, no aban-

AJARDINADO
Que tem plantas e disposição próprias de jardim.

MONTES URAIS
Cordilheira de montanhas na Rússia que definem a fronteira entre a Europa e a Ásia.

ESTORCEGAR
Estorcer-se, retorcer-se.

dono, enquanto o excesso sempre esteve nos salões imensos dos banquetes ostensivos.

Os convidados de outros países ficavam estarrecidos ante o poder dos czares, ao passar pelas imensas escadas adornadas de estátuas em pedras especiais e ante o esplendor do ouro em delicadas lâminas forrando as paredes em estilo Rococó, ou em porcelana, ou em marfim, ou em seda chinesa, que demorava quase dez anos para chegar da sua origem...

...E sucediam-se as guerras contra os países fronteiriços, sempre considerados ameaças em potencial, ou o enfrentamento com as nações bárbaras que atacavam periodicamente os imensos domínios para se apoderarem dos tesouros inigualáveis.

O povo, sempre os *mujiques* (camponeses) e os desempregados, era tido como detestável, nutrindo-se de sopa de repolho, quando conseguia algo, e pão quase apodrecido, morrendo de inanição ou de doenças perversas que dizimavam as populações.

Lamentavelmente, todos esses desaires eram apoiados pelos patriarcas que passaram a governar a fé religiosa cristã, adaptada às suas paixões e ao luxo absurdo, desafiando a nobreza do Evangelho de Jesus, todo simplicidade e amor.

A opulência das igrejas em geral, as suas cúpulas recobertas de lâminas de ouro, os tesouros acumulados e os ícones envoltos em metais preciosos para serem adorados conseguiram transformar-se em verdadeiros *reinos dos Céus*.

Quando correu a notícia do *fim do mundo* previsto para o ano de 1492, os sacerdotes habilmente se utilizaram da superstição para propor que fossem construídas mais igrejas, ainda mais opulentas, quais as que se encontram dentro do Kremlin (fortaleza), glorificando Deus e os santos...

Em revanche absurda, por sua vez, a Revolução Bolchevique transformou grande número delas em escolas de ateísmos, dilapidando os seus tesouros, furtando e roubando os

---

ROCOCÓ
Diz-se de ou estilo ornamental, característico da época do rei francês Luís XV (1710-1774), que evoluiu a partir do Barroco, como uma forma de reação a esse movimento, marcado pelo uso excessivo de curvas labirínticas, conchas, nós, cores etc., na busca da integração do requinte com elementos bizarros.

DESAIRE
Desgraça; vergonha; revés.

seus bens e arrasando com as suas propostas perversas a fé ingênua das multidões que passaram à nova dominação política, agora nas mãos cruéis do Estado, sempre dirigido por hábeis e cruéis idealistas que formaram uma nova classe de exploradores, especialmente no Politburo...

Muitos desses templos faustosos foram dilapidados, transformados em depósitos, em cavalariças, em total desprezo pela arte e grandeza arquitetônica de que se constituíam.

Com a decadência do comunismo soviético e a sua falência, quando se pôde descobrir os crimes praticados, o sofrimento do povo esfaimado, ao tempo em que se fabricavam armas de guerra, bombas atômicas de destruição total, novamente a Religião, antes tida como *o ópio das massas,* passou a funcionar, reerguendo-se palácios e templos que o comunismo desejou aniquilar sem o conseguir.

Não se apagam símbolos arquetípicos da Humanidade através da hediondez e da perseguição. O mito, a crença constituem herança emocional responsável pela formação psicológica de todos os povos.

O ser humano é um animal religioso e ninguém pode destruir-lhe a religiosidade, que é um traço de vinculação com Deus, mesmo quando os adeptos corrompem as doutrinas com as suas misérias e degradações infelizes no exercício a que se dedicam, desse modo comprazendo-se em estigmatizar e humilhar os crentes simplórios e confiantes...

Como ninguém escapa à voragem do passar do tempo e à sua inexorável imposição, esmagando a soberba, vencendo a prepotência, dobrando a cerviz mais atrevida, os poderosos de um dia sucumbem através das enfermidades, dos desgastes defluentes dos excessos que se permitem, sendo vítimas de traições ignóbeis, de armadilhas bem urdidas, de velhice, de doenças que os consomem...

POLITBURO
O mais alto órgão executivo do Partido Comunista da antiga União Soviética, entre 1917 e 1952, eleito pelo comitê central e constituído por 11 membros.

FAUSTOSO
Que tem fasto ou fausto; imponente, luxuoso, ostentoso.

CERVIZ
(Por ext.) A cabeça ou o pescoço.

A *Grande Mãe Rússia*, como todos os antigos impérios que o tempo consumiu, transformando-os em escombros por onde cantam os ventos que continuam soterrando-os, ergue-se na atualidade como poderosa potência militar, estratégica, temida e respeitada, fazendo parte do concerto das nações da Terra, enquanto aqueles mesmos conquistadores e poderosos de ontem hoje se encontram nos palácios que lhes pertenceram em determinado momento, agora como zeladores, fiscais, funcionários humildes, contemplando o poder que lhes escapou das mãos.

Isso quando não se encontram pelas ruas das cidades grandiosas na condição de mendigos de pão e de agasalho, de um teto e de medicamento, com o olhar esgazeado contemplando a distância as cúpulas recobertas de ouro a que não mais têm acesso, nem recurso para pagar as entradas e caminhar pelos faustosos museus, com lágrimas nos olhos e os corações dilacerados...

Muitos deles, os conquistadores, os dominadores, os criminosos coroados, já retornaram ao proscênio terrestre, mais de uma vez, no campo áspero da agricultura, nos cortiços imundos e sem ventilação, nas expiações mais dolorosas, a fim de aprenderem a respeitar os Soberanos Códigos da Vida que vilipendiaram e se utilizaram exclusivamente para o prazer chão e caprichoso da inferioridade moral na qual ainda permanecem...

...Enquanto isso sucede, porém, Jesus prossegue informando que: *"As raposas têm covis, e as aves do céu têm ninhos; mas o Filho do Homem não tem onde reclinar a cabeça"* (Mateus, 8: 20), e os enganadores encontram-se nos seus alçapões, mesmo que dourados e vestidos de brocado e seda, onde, porém, permanecem aprisionados, sem forças para romperem as grades e libertar-se.

ESGAZEADO
Diz-se de olhar que expressa desnorteamento, espanto ou ira.

PROSCÊNIO
(Por ext.) Local onde o espetáculo se desenrola; cena, palco.

VILIPENDIAR
Tratar (algo ou alguém) com desprezo; desdenhar; desprezar; desrespeitar; insultar.

CHÃO
Que tem moral baixa; rasteiro, vulgar.

BROCADO
Diz-se de ou tecido de seda entremeado de fios de ouro e/ou prata, com desenhos em relevo.

Momentos de sublimação

Glória ao *Mártir da Cruz*, cujo símbolo esses infelizes potentados ostentam, nas religiões e nos governos, distantes do significado de amor que representa, demonstrando poder e grandeza que passam com volúpia, desvestindo-os da argamassa celular e confundindo-os no pó da terra com os vassalos, os desprezados, aqueles os quais infelicitaram.

As inabordáveis Leis da Vida os inscrevê-los-ão nos seus arquivos e processos de justiça, convidando-os à reparação e ao sofrimento nos quais identificarão os crimes calamitosos que se permitiram, recomeçando a trajetória nas vestes gastas da miséria que desprezaram...

POTENTADO
Soberano de uma nação, de grande poder material e muita autoridade; potestade.

CAPÍTULO 3

FENOMENOLOGIA MEDIÚNICA

Vianna de Carvalho

H ERÓDOTO DE HALICARNASSO, o célebre historiador grego antigo, informava que o rei Creso, da Lídia, o mais rico da sua época, foi informado por um vidente que seu filho Actis, herdeiro da coroa, corria perigo de morte, pois que estava assinalado para sucumbir vitimado por uma lança.

Por mais cuidados tivesse o genitor, cercando o filho de vigilância e de servos que o impediam de aventurar-se pelos bosques palacianos, desencarnou vitimado por um golpe certeiro desferido pelo seu amigo Adasto, que fora buscado no exílio por seu genitor, e era filho de Midas, rei da Frígia, numa caçada a porcos-espinhos que ambos improvisaram sem permissão oficial, sem que o desejasse, por um engano infeliz...

Narra ainda que um vidente anunciara a *queda de um grande império*, que se tornaria real com a vitória de Ciro, rei dos persas, sobre os lídios, destruindo a sua capital, Sardes, e escravizando a família real, que se libertou graças à lembrança de Creso, recordando-se do conselho que lhe dera Sólon, o grande sábio da Grécia...

O santuário de Delfos recebia generais do mundo conhecido e cidadãos, nobres e reis, assim como o povo ansioso por informações espirituais e premonições, especialmente estas a respeito do futuro, tornando-se célebre através dos tempos.

Os césares, invariavelmente, antes das batalhas consultavam os arúspices, a fim de saberem o que lhes aconteceria, normalmente sendo bem informados...

Em todas as épocas, os fenômenos mediúnicos despertaram grande interesse nos dominadores e nas massas.

Por outro lado, os grandes conquistadores do passado eram discípulos de nobres filósofos, qual o caso, entre muitos, de Alexandre Magno, da Macedônia, que admirava Diógenes, o pensador que fundou a escola cínica, ou muito depois Nero, que fora discípulo do estoico Sêneca, que terminou, infelizmente, suicidando-se em idade avançada...

Embora buscando o conhecimento, não podiam abandonar as tradições religiosas da crença na imortalidade da alma, conforme Sócrates e o seu *Daïmon*, entre outros nobres pensadores.

Ainda no passado, não poucos reis e imperadores consultavam magos e adivinhos em torno dos negócios do Estado, da saúde, das guerras, das sementeiras, de tudo quanto podia ter significado profundo, e, não raro, também superficial, como recreação...

Mais modernamente, Adolf Hitler frequentou, em Berlim, o Grupo *Thule*, de estudos esotéricos, onde teria recebido inúmeras revelações, algumas das quais se confirmaram, especialmente a respeito de uma sua reencarnação no século VII, na Itália...

Josef Stalin, por sua vez, experimentou as faculdades anímicas do grande sensitivo Wolf Messing, que o convenceu dos excelentes recursos de que era portador, utilizando-o, muitas vezes, em tentativas de descobrir por telepatia os planos dos seus aliados durante a Segunda Guerra Mundial.

ARÚSPICE (M.q.) Harúspice; sacerdote romano que fazia previsões do futuro pela leitura das entranhas das vítimas sacrificadas.

DAÏMON A palavra *daïmon*, da qual fizeram o termo demônio, não era, na Antiguidade, tomada à má parte, como nos tempos modernos. Não designava exclusivamente seres malfazejos, mas todos os Espíritos, em geral, dentre os quais se destacavam os Espíritos superiores, chamados deuses, e os menos elevados, ou demônios propriamente ditos, que comunicavam diretamente com os homens. (KARDEC. *O Evangelho segundo o Espiritismo*.)

Esses governantes perversos e frios, na ânsia indômita de poder, recorriam com frequência aos médiuns e paranormais em geral, desejando penetrar no futuro, ao mesmo tempo que pensavam dominar o mundo transcendental, manipulando-o em favor dos seus objetivos escusos.

De alguma forma, há uma predisposição humana para considerar a Vida espiritual e as forças parapsíquicas como instrumentos fáceis para o poder e o prazer, sem a mínima responsabilidade, em verdadeiro atestado de ignorância em torno da realidade do Espírito imortal que preside todos esses fenômenos.

Supondo-se capazes de impor os seus caprichos e vontade doentia além dos limites da matéria, enganam-se e são enganados, por sua vez, pelas Entidades irresponsáveis a eles semelhantes, que os não temem e se comprazem ridicularizando-os no estágio em que se encontram.

Por presunção e vacuidade, muitos indivíduos supõem que a sua prepotência pode atravessar o portal do túmulo e submeter os desencarnados que desejam consultar e utilizar nos seus rituais ridículos ou trágicos, para obterem graças que não merecem ou serem atendidos nas suas paixões servis.

VACUIDADE (Fig.) Vazio espiritual ou intelectual.

Enquanto não vigiam as diretrizes do Espiritismo, era compreensível esse comportamento, embora os Espíritos sérios que se comunicavam no passado sempre advertissem os incautos que os desejavam explorar.

Na vida dos apóstolos e dos santos, os fenômenos sempre se apresentaram caracterizados pelo respeito e pela gravidade de significados morais e espirituais, razões pelas quais proporcionavam a dignificação humana e o seu natural progresso.

Com o advento do Espiritismo e a sua claridade de conteúdos filosóficos, éticos e morais, a questão mediúnica assumiu o caráter compatível com a sua finalidade superior. Inicialmente, o seu objetivo é demonstrar a sobrevivência do ser à decomposição cadavérica, confirmando o sentido existencial durante a jornada física.

Em razão dessa imortalidade, os Espíritos confirmam as existências múltiplas ou renascimentos carnais responsáveis pelo progresso intelecto-moral, facultando o entendimento da Justiça Divina, irrepreensível e gloriosa em todos os seus aspectos.

No mais profundo sentido, demonstram a existência de Deus, Causalidade Absoluta do Universo, em cuja direção tudo ruma e em torno da qual tudo gira...

Allan Kardec, na sua claridade mental e como efeito das suas observações severas em torno da mediunidade, estabeleceu como condição essencial para a avaliação dos fenômenos o contributo moral, bem como os requisitos ambientais para a sua ocorrência, a constituição digna do médium e a finalidade superior a que se destinam.

Sem esses valores básicos, os fenômenos, mesmo quando retumbantes, são destituídos de gravidade e de consideração, tornando-se banais.

> **RETUMBANTE**
> Que provoca espanto; assombroso, espaventoso.

Ninguém é possuidor de poderes que os possam impor aos Espíritos nobres, razão pela qual a mediunidade é portadora de valiosas condições educativas para quem a possui, assim como para quantos a desejam utilizar.

Jesus referiu-se com propriedade sobre a finalidade superior do fenômeno mediúnico quando, compreendendo a fragilidade dos seus futuros discípulos, que não teriam forças morais para resistir às injunções dos poderosos do mundo, que desejariam submeter a Sua Doutrina aos seus caprichos, acentuou: – *E quando eles* (os discípulos) *se calarem, as pedras* (túmulos) *falarão...*

Por não temerem os homens e as mulheres, os *Espíritos sopram onde querem* e produzem a grande revolução da imortalidade que nunca será detida.

Quando, no passado, os déspotas políticos e os religiosos posteriormente silenciaram os divulgadores da verdade através das rudes perseguições que culminavam na morte, inclusive, na Idade Média, os Espíritos prosseguiram na saga sublime de demonstrar a realidade incômoda para os pusilânimes e defraudadores de todos os tipos.

A sobrevivência à morte orgânica é o mais grandioso prêmio da vida, ampliando os horizontes do progresso ao infinito.

Dignificar o fenômeno mediúnico deve ser o compromisso de todos aqueles que se dão conta dos inestimáveis recursos parafísicos de que são portadores.

Em razão do elevado nível moral, estadistas consideraram diversos fenômenos mediúnicos que lhes chegaram ao conhecimento como legítimos, a exemplo de Abraham Lincoln com o seu sonho premonitório do homicídio de que foi vítima.

De igual maneira, outros notáveis governantes, pensadores, cientistas, poetas, artistas, religiosos e o povo em geral receberam através dos fenômenos mediúnicos as informações grandiosas para a conquista da alegria de viver e da felicidade de amar, tornando-se essencial para a plenitude do ser.

DÉSPOTA
Que ou quem, abusando de sua posição e poder, atribui a si autoridade absoluta, tirânica; opressor, dominador.

PUSILÂNIME
Que não tem coragem, que é covarde.

DEFRAUDADOR
Que ou aquele que defrauda; que espolia ou lesa por meio de fraude ou dolo.

CAPÍTULO 4

EXALTANDO O LIVRO DO MÉDIUNS

Vianna de Carvalho

Allan Kardec, o missionário da Era Nova, havia anunciado na *Revista Espírita* de janeiro de 1861 que, entre os dias 5 a 10 de janeiro do novo ano, seria apresentado ao conhecimento público *O Livro dos Médiuns,* pelos editores Srs. Didier & Cia., o que viria a concretizar-se, logo depois, no dia 15.

A obra monumental era aguardada com grande curiosidade e interesse, porquanto já vinha sendo anunciada desde algum tempo.

Em razão do êxito retumbante da publicação de *O Livro dos Espíritos* quatro anos antes, o ilustre mestre preocupava-se com a complexidade da fenomenologia mediúnica, os seus desafios, as diferentes expressões da mediunidade, a interferência dos Espíritos frívolos e obsessores nas práticas espíritas e, para minimizar ou evitar as consequências, podendo ser algumas desastrosas, ele publicara anteriormente uma *Instrução Prática,* oferecendo um guia de segurança para as experimentações. Especialmente cuidava de oferecer um roteiro esclarecedor que servisse de segura diretriz de condutas experimentais para os médiuns.

Esgotando-se com grande rapidez, o nobre codificador reconheceu que uma nova edição da obra iria exigir um trabalho cuidadoso de aprimoramento e de lapidação, sendo necessária uma ampliação de conteúdos, com novas observações resultantes dos estudos a que se afervorava, havendo conseguido fazê-lo na que estava sendo apresentada.

Teve o zelo de retirar algumas informações que já se encontravam em *O Livro dos Espíritos*, especializando o vocabulário e aprofundando as questões pertinentes aos médiuns, àqueles que se dedicam às experimentações e à imensa gama de fenômenos por ele observados.

Convencido da seriedade do Espiritismo, e depois da ampla divulgação da sua filosofia, tornava-se indispensável a contribuição de um tratado de alta magnitude com caráter científico para prevenir os incautos e bem conduzir os pesquisadores sérios.

> **INCAUTO**
> Descuidado, improvidente, imprudente.

Iniciando o notável livro pelas *noções preliminares*,[*] depois da bem-cuidada *introdução*, recorreu às qualidades de educador para apresentar com lógica a palpitante questão *Há Espíritos?*, e, através de uma análise bem realizada, demonstrar filosoficamente *a existência da alma e a de Deus, consequência uma da outra, constituindo a base de todo o edifício,* que é a própria Doutrina Espírita.

Bem se lhe entende essa preocupação, porquanto somente será possível a crença nos Espíritos e nas suas comunicações acreditando-se nesses fundamentos essenciais, sem os quais nenhuma técnica ou demonstração poderá conduzir o observador à aceitação da fenomenologia probante da imortalidade.

A seguir, o sábio investigador que foi Kardec penetrou o bisturi das suas pesquisas nas questões *do maravilhoso e do sobrenatural,* demonstrando de maneira racional que, para produzirem os movimentos e ruídos, o erguimento das mesas,

---

[*] As frases e palavras em itálico são de autoria de Allan Kardec. *O Livro dos Médiuns*, 28.ª edição da FEB.

por exemplo, os Espíritos necessitavam de instrumentos que lhes fornecessem os recursos para a sua execução, que são os médiuns. Dessa maneira, tornam-se fenômenos naturais, nada havendo, portanto, que se deva considerar como de natureza miraculosa, violentando as leis naturais.

De imediato, propôs os recursos, o *método* exigido na condição de ciência e de filosofia que é o Espiritismo, para que pudesse submeter-se a um estudo sério e *persuadir-se de que ele não pode, como nenhuma outra ciência, ser aprendido a brincar.*

Desnecessário informar-se que *O Livro dos Médiuns* tem os seus fundamentos em *O Livro dos Espíritos*, sendo um desdobramento muito bem elaborado de questões que são apresentadas em síntese e que se tornaram inevitáveis para mais graves elucubrações, o que então é cuidadosamente tratado na obra magistral.

ELUCUBRAÇÃO
(M.q.) Lucubração; estudo laborioso e acurado; trabalho intelectual ou manual, realizado pacientemente.

A questão pertinente aos médiuns e aos experimentadores é fundamental, a fim de que ambos se equipem com os recursos valiosos para a boa condução dos fenômenos.

Prevenir, orientar e oferecer segurança aos incautos, assim como aos estudiosos sérios do Espiritismo, sempre foi a preocupação de Allan Kardec, por entender a grandiosidade da Doutrina que tem a ver com todos os ramos do conhecimento humano.

Dedicando grande parte à avaliação e às reflexões em torno das *manifestações espíritas*, classificou-as de *físicas* e *inteligentes*, detendo-se na sua imensa variedade, ao apresentar capítulos especiais referentes a cada uma delas, como nunca dantes se houvera feito.

DANTES
Anteriormente, antes; no passado; antigamente, outrora.

Preocupado com o charlatanismo e a mistificação, muito comuns entre as criaturas humanas, advertiu os leitores para terem cuidado com os médiuns interesseiros e desonestos, abordando os temas da suspensão e perda da mediunidade, que invariavelmente chocam os seus portadores e os seus acompanhantes...

Por outro lado, analisou os perigos da prática mediúnica irresponsável, demonstrou que os períodos de curiosidade e de frivolidade estavam ultrapassados, havendo dado lugar à gravidade das revelações, confirmando *a existência, a sobrevivência e a individualidade* dos denominados *mortos* que retornam ou permanecem em contínuas comunicações com os chamados *vivos*.

Buscou libertar os curiosos do hábito de considerar os Espíritos e os seus fenômenos como prodigiosos, esclareceu quais as perguntas que aos primeiros se podem fazer, de maneira a evitar que a irresponsabilidade e os interesses mesquinhos venham a atrair seres equivalentes que ensejem as mistificações e as perturbações a que dão lugar quando não vigem a seriedade moral nem a elevação espiritual.

Percuciente pesquisador, honestamente declarou que o livro não era de sua lavra intelectual e que, ao colocar os nomes de alguns Espíritos nos textos publicados, tinha por meta assinalar-lhes a responsabilidade, mas que, embora essa ausência em outras páginas, quase todas eram de autoria deles, havendo sido o seu o trabalho de selecionar as mensagens, de compará-las, de confrontar os ensinamentos em busca da universalidade dos ensinos.

Os seus estudos resultavam da leitura do imenso volume de páginas que lhe eram enviadas de diferentes pontos da Europa, assim como das Américas, demonstrando não haver qualquer forma de contato entre os médiuns, o que lhes impedia a fraude...

Preocupou-se também em demonstrar *a influência do meio*, de igual maneira *a influência do médium*, cuidando *das evocações*, assim como *das contradições*.

FRIVOLIDADE
Futilidade, leviandade.

PERCUCIENTE
De grande perspicácia.

LAVRA
(Fig.) Autoria, criação, invenção.

Igualmente apresentou as considerações cabíveis nos estudos da *mediunidade nos animais* e *nas crianças*, libertando os curiosos das superstições em torno dos primeiros e apresentando os cuidados que se devem ter em relação aos fenômenos produzidos na infância, quando as suas reservas morais não são suficientes para o discernimento nem a conduta exigida pela faculdade correta.

Foi, no entanto, na análise em torno da saúde física, emocional e mental que aprofundou as investigações no extraordinário capítulo *da obsessão*, conhecida em todos os períodos da História da Humanidade e confundida com a loucura e outros distúrbios de natureza psíquica e degenerativa.

Pensando na criação de novas células espíritas, publicou o *Regulamento da Sociedade Parisiense de Estudos Espíritas* como um modelo que poderia ser adotado ou adaptado pelos novos núcleos de acordo com os objetivos programados.

É compreensível que toda doutrina nova sofra o descalabro dos seus profitentes, em particular dos presunçosos que se consideram superiores aos demais e buscam sempre ser originais...

Kardec demonstrou que o Espiritismo não corre esse perigo, por ser Doutrina dos Espíritos elevados que, sempre vigilantes, cuidarão de escoimá-lo das interpretações falsas ou interesseiras, assim como de quaisquer apêndices que os astutos lhe desejem aplicar.

Também informou que os Espíritos são as almas dos homens que habitam a Terra, não lhes concedendo dons ou atributos adivinhatórios nem celestiais, esclarecendo que cada qual, após a morte, continua o mesmo, a conduzir os valores que o assinalavam antes do decesso tumular.

Selecionou diversas comunicações espirituais no tema sobre *dissertações espíritas*, apresentou aquelas que são autênticas e aqueloutras que não resistem a uma análise profunda,

DESCALABRO
Prejuízo elevado; dano, estrago.

PROFITENTE
Que professa ou declara; professor.

ESCOIMAR
Limpar ou livrar alguma coisa de falha, impureza etc.

APÊNDICE
Anexo que complementa uma obra.

DECESSO
Ato ou efeito de deceder; decedura, morte, passamento.

demonstrou a falsidade de algumas delas através da comparação entre o que produziram os escritores quando encarnados e o pobre conteúdo de que então se revestiam...

Teve o zelo de propor as condições exigíveis para uma reunião mediúnica séria, na qual se podem obter comunicações valiosas em razão do caráter moral dos seus membros.

Por fim, para facilitar o entendimento da linguagem dos Espíritos, assim como alguns dos verbetes por ele utilizados, colocou na etapa final um *vocabulário espírita* cuidadoso e oportuno.

Em trinta e dois capítulos enriquecidos de sabedoria, *O Livro dos Médiuns* é o mais completo tratado de estudos sobre a paranormalidade humana, jamais ultrapassado, e tão atual hoje como naquele já distante e memorável dia 15 de janeiro de 1861, quando foi apresentado em Paris.

Guia seguro e eficiente para o conhecimento da prática espírita e sua aplicação diária, é obra para ser estudada com seriedade e cada vez mais atualizada, relacionando-a com *O Livro dos Espíritos*, que a precedeu e é o alicerce vigoroso do Espiritismo.

Por ocasião da celebração do seu sesquicentenário de publicação, saudamos esse grandioso brado de alerta e de orientação dos benfeitores da Humanidade, de que Allan Kardec fez-se o apóstolo, inscrevendo-o entre as obras marcantes e mais valiosas da cultura terrestre.

CAPÍTULO 5

O PERISPÍRITO

Vianna de Carvalho

NOBRES CIENTISTAS de ontem como de hoje, ao procurarem entender a realidade do Espírito além da complexidade neuronal, sugerem que a mente não é resultado das delicadas conexões nervosas, mas que delas utiliza-se, a fim de exteriorizar os seus conteúdos, não se encontrando, portanto, com uma localização definitiva e única no organismo.

Essa tentativa de demonstrarem a não localização da mente no cérebro com exclusividade exige o contributo do conhecimento da Física Quântica ao lado da Biologia Molecular e de outras doutrinas científicas capazes de melhor esclarecerem a questão palpitante.

Desde as notáveis experiências realizadas pelo monge agostiniano Gregor Mendel com sementes variadas, o que lhe proporcionou o título merecido de *pai da genética*, por haver descoberto os genes encarregados dos notáveis caracteres da hereditariedade, até a constatação da *dupla-hélice* do DNA por James Watson e Francis Crick em 1953, que se vem procurando analisar e decifrar o *mistério* da fatalidade biológica das células e dos seus elementos constitutivos, a fim de que haja a sua correta repetição no processo normal do desenvolvimento dos vegetais, dos animais e dos seres humanos.

DUPLA-HÉLICE
Estrutura tridimensional das moléculas de DNA, constituída por duas alfa-hélices unidas por pontes de hidrogênio entre nucleotídeos complementares.

> **MAHAYANA**
> (M.q.) Maaiana (ramo do budismo constituído de várias seitas sincretistas, encontradas principalmente no Tibete, no Nepal, na China e no Japão, e que têm escrituras vernaculares baseadas no cânone sânscrito. Seus adeptos creem num deus ou deuses e, comumente, ensinam a importância da compaixão e da salvação universal).
>
> **TEOSOFISTA**
> Que ou aquele que pratica, ensina ou segue a teosofia (doutrina espiritualista ligada ao pensamento e práticas ocultistas e místicas e às religiões orientais, base da Sociedade Teosófica, fundada no século XIX por Madame Blavatsky (1831-1891) e H. S. Olcott (1832-1907) em Nova York; teosofismo).
>
> **HASTE**
> Parte do vegetal que se eleva do solo e serve de suporte aos ramos, às folhas e às flores; hástea, hastil.
>
> **NEUROBLASTO**
> Célula embrionária do tecido nervoso que dá origem às demais células nervosas.

No passado, Platão havia recorrido ao *mundo das ideias*, de onde tudo se originava, e adotou o conceito de uma realidade cósmica inicial e que o Budismo *Mahayana* confirmou ao elucidar que existe um *armazém da consciência* de natureza transcendente, no qual se encontram arquivados todos os *acontecimentos*, ideias e formas que se condensam no mundo corporal. De igual maneira, os teosofistas criaram o conceito do *registro akáshico*, onde permanece registrado tudo quanto acontece, seja no mundo físico ou mental, na condição de um depósito de informações que irão criar o *karma* do indivíduo.

Esse conceito é compartilhado igualmente pelo Budismo Tibetano, que demonstra haver sempre uma causa anterior para o surgimento de quaisquer ocorrências na forma física ou na mental (espiritual).

A verdade é que um conjunto de partículas que se transformam no talo, na haste de uma planta, em nada difere daquele que dá forma a uma folha, produzindo interrogações a respeito dessa organização que se repete ininterruptamente com harmonia e perfeição sem qualquer equívoco.

De igual maneira, quando se observam as células que se originam do neuroblasto, dando lugar a uma complexidade quase inimaginável de outras diferentes, à medida que o organismo se forma e caracteriza-se por especificações, quais as hepáticas, as ósseas, as nervosas, com objetivos bem definidos na sua fatalidade biológica, inevitavelmente se pensa num modelo organizador preexistente à expressão material que comanda no campo energético essas variações...

Os estudos de Jean-Baptiste Lamarck tentaram demonstrar, por sua vez, que as conquistas adquiridas eram transmitidas de uma para outra geração, o que motivou severas críticas dos acadêmicos que realizaram experiências em laboratório, sem que fossem conseguidas evidências dessa possibilidade.

A chave elucidativa, segundo os mais conceituados investigadores, encontra-se no DNA, encarregado de todas as heranças que guarda na sua estrutura, sem experimentar quaisquer alterações.

Desse modo, a vida expressar-se-ia definida desde o momento da concepção, tanto no ser vegetal, animal e humano disso resultante.

As observações, porém, daqueles que estudam a mente não localizada justificam a *memória das células* como fato probante de que a energia modeladora encontra-se em todo o organismo, razão transcendente da maneira como se comportam no conjunto.

Simultaneamente, esses defensores da não localização do Espírito que se serve do cérebro sem dele proceder dão um salto audacioso para informar que todo o Universo é somente uma unidade, e que Deus e o ser humano seriam, de igual maneira, uma mesma realidade.

Buscam nas páginas dos *Upanixades* o apoio logístico e afirmam que a natureza da realidade (menor) é *que a Realidade Única procurada é a mesma do eu individual.*

Tudo quanto existe, portanto, é resultado do tradicional *eu sou*, das mais remotas bases do misticismo ancestral do Oriente. A sabedoria, desse modo, é inerente a todas as criaturas que a penetram mediante a reflexão, o transe profundo, a meditação...

Malgrado a tese que revive o conceito panteísta clássico do Universo, nele pretendem encontrar a resposta para a organização biológica da vida nas suas variadas expressões.

No século XIX, o biólogo alemão Hans Driesch, após cuidadosos estudos com os ouriços-do-mar, a sua constituição, regulação e regeneração, assim como ocorre com outros organismos vivos, afirma que resultam de um fator não físico a que denominou como *entelequia*.

UPANIXADE
Texto filosófico elaborado entre os séculos VIII e IV a.C., escrito em sânscrito e anexado às escrituras védicas.

MALGRADO
Apesar de; não obstante.

PANTEÍSTA
Referente a panteismo; qualquer doutrina que identifique Deus com a totalidade do universo ou com as forças naturais; teoria segundo a qual Deus não é um ser pessoal distinto do mundo.

O verbete *enteléquia* foi criado por Aristóteles para definir a alma que governa o organismo humano.

Seguindo a trilha de Aristóteles, Hans Driesch procurou centralizar o *vitalismo,* isto é, o *princípio da vida* em todos os seres animados, sendo, desse modo, o fator espiritual orientador da organização biológica.

Mais recentemente, o biólogo inglês Rupert Sheldrake sugeriu a existência de um campo morfogenético que seria o responsável por toda a elaboração do edifício orgânico.

> **MORFOGENÉTICO**
> Relativo a morfogênese; morfogênico.

Segundo o nobre cientista, os campos morfogenéticos exercem sua influência sobre todas as formas e sistemas de vida, graças a um mecanismo que foi denominado como *ressonância mórfica.* Isso equivale a dizer que uma célula produz determinada forma e não outra em razão de uma *sintonia* vibratória em relação às anteriores.

O conceito, portanto, transcende à forma, à exteriorização, sendo de natureza energética.

Merece que se considere o admirável esforço dos estudiosos da parapsicologia que, oportunamente, conceberam o conceito de *modelo organizador biológico,* igualmente parafísico, para explicar as variadas expressões no campo da forma, especialmente nos seres humanos com as suas características morais, emocionais, psíquicas, físicas e fisiológicas. Segundo a tese, antes da forma existe um modelo que se encarrega de realizá-la, aplicando os elementos necessários ao seu processo de funcionamento dentro das linhas morais da evolução, de alguma forma, portanto, obedecendo à *Lei do Karma.*

Allan Kardec, porém, muito antes de todos esses admiráveis estudiosos, elucidou que o Espírito é envolto por um corpo sutil, *semimaterial,* que se encarrega de guardar as experiências e modela as futuras formas humanas, de modo a propiciar-lhe a evolução, num processo vinculado à Lei de Causa e Efeito.

O Espírito é o modelador da sua realidade, acumula as experiências iluminativas ou não que são postas à prova no processo da reencarnação, conquista sempre novas realizações que o favoreçam com o crescimento interior, com as mudanças morais para melhor, a fim de alcançar a plenitude que lhe está destinada.

Quando observamos, por exemplo, no zigoto um *choque elétrico* dar início aos batimentos cardíacos que se prolongarão até o surgimento do órgão e por toda a existência física, não podemos deixar de considerar que antes do equipamento há uma função energética responsável pelo seu futuro surgimento.

Assim sendo, o Espírito é constituído pelo *princípio inteligente do Universo*, sendo a energia pensante e revestido por um invólucro de campo especial no qual se encontram as funções e as organizações somáticas para a existência física.

A tese fundamentada na observação dos fatos – esse equipamento maleável registra todas as emoções e ações do Espírito, que se irão apresentar na investidura celular – explica por que gêmeos univitelinos, portanto, idênticos, constroem equipamentos fisiológicos, psicológicos e morais muito diversos, caracterizando individualidades próprias.

O DNA, ao manter os seus arquivos e características, libera a estrutura da vida dentro do campo perispirítico, conserva os valores pessoais, recupera-se quando se compromete e aprimora-se sem cessar.

A mente, sem dúvida, embora se irradie do cérebro pelos seus mecanismos eletrônicos complexos, não permanece fixada apenas nele, mas em todas as células, expressando-se mediante os recursos de que se utilize e das finalidades evolutivas que lhe estão destinadas.

Quando Jesus enunciou que Ele e o Pai eram um, não desapareceu na realidade, mas demonstrou a Sua extraor-

INVÓLUCRO
Aquilo que envolve, cobre ou reveste; embrulho, envoltório, revestimento.

SOMÁTICO
Próprio do corpo, do organismo físico.

dinária afinidade e identificação com a Causa Absoluta do Universo.

PORVIR
O tempo que há de chegar.

O Espírito é um viajante do porvir, constrói no hoje o amanhã que o aguarda, conforme vivenciou o ontem que o modelou para o hoje.

CAPÍTULO 6

SOFRIMENTOS COLETIVOS

Vianna de Carvalho

Estudiosos dos fenômenos astronômicos detectaram no dia 1º de janeiro de 2005 a ocorrência de um gigantesco clarão procedente da mancha solar nº 715.

As manchas solares são tempestades magnéticas na superfície do Astro-rei, maiores do que a Terra, quando a sua temperatura é de 1.500 graus mais fria, produzindo a sombra que se projeta, na qual a temperatura alcança os 5.800 graus.

Essas manchas aparecem periodicamente entre nove a treze anos, entre um máximo solar e o seguinte. De igual maneira, há um mínimo cuja variação é de onze anos aproximadamente.

O que mais chama a atenção dos cientistas do cosmo é a sua incidência nos últimos anos, havendo ocorrido em janeiro do mesmo ano uma outra tempestade superior ao tamanho do planeta Júpiter.

Essas tempestades inesperadas permitem que sejam atiradas na Terra bilhões de toneladas de prótons com tremenda velocidade, produzindo efeitos inabituais e, provavelmente, havendo essa explosão contribuído para o trágico furacão Katrina e diversos outros que tornaram aquele um período de turbulência no Sol e na Terra, como não acontecera anteriormente.

De maneira especial, prosseguem essas explosões das manchas solares, que ameaçam as telecomunicações e o equilíbrio dos satélites portadores de incalculáveis benefícios para a sociedade, bem como para a navegação aérea e outras conquistas da moderna tecnologia.

Simultaneamente, o planeta estertora internamente, gerando tragédias inimagináveis, cada qual mais devastadora do que a anterior, num crescendo preocupante.

> ESTERTORAR
> Agonizar.

Desde o referido furacão Katrina aos sucessivos *tsunamis* aparvalhantes no Oceano Índico, logo depois no Chile, no Japão, no Haiti, e novamente o terrível ocorrido no antigo Império do Sol Nascente, o volume dos desastres sísmicos tem-se apresentado chocante e sem possibilidade de serem evitados, por mais grandiosos sejam os esforços desenvolvidos pelos cientistas e estudiosos deles.

Terremotos e erupções vulcânicas de menor monta, chuvas torrenciais em um lado do orbe e secas avassaladoras do outro confirmam as adaptações das faixas colossais que separam os continentes e outras partes do planeta em contínua movimentação, ao tempo em que sucedem as eliminações de gazes venenosos que se lhe encontram na intimidade e no magma em furiosa ebulição.

> COLOSSAL
> Que tem proporções (volume, altura, largura etc.) de colosso; agigantado, gigantesco, enorme.

Os instrumentos da mais alta tecnologia têm sido impotentes para deter os contínuos choques das placas tectônicas, assim como dos seus efeitos quase inconcebíveis, quando se dão especialmente no fundo dos oceanos, levantando as ondas destruidoras de tudo quanto encontram pela frente...

...E, lamentavelmente, com a destruição de tudo que é varrido da superfície do solo, as dezenas e centenas de milhares de vidas que são arrebatadas pela morte em um momento cuja rapidez é terrificante.

Diante da devastação assustadora, é inconcebível o sofrimento das outras centenas de milhares que sobrevivem, agora traumatizadas, desalojadas, tendo que novamente iniciar a existência entre angústias indescritíveis e desencantos sem par.

No mais recente episódio dantesco, no Japão, a ameaça de contaminação nuclear, em razão dos abalos sofridos pelas usinas especializadas na produção de energia através da fissão atômica, é realmente muito grave, cujos efeitos são imprevisíveis...

A invigilância e o despautério humanos prosseguem, porém, indiferentes aos prognósticos agourentos em relação ao futuro do lar terrestre, ameaçando a Natureza e a vida com as suas desordenadas ambições argentárias, usando a Ciência e a tecnologia equivocadamente, de maneira destruidora com a exagerada emissão de gazes venenosos, através da teimosia das nações superdesenvolvidas, sem qualquer respeito, no seu desalinho materialista.

Não bastassem esses trágicos e incomensuráveis sucessos, que deveriam convidar as mentes e os corações a refletirem em torno dos próprios limites e pequenez, assim como a respeito da transitoriedade de tudo que se refere à vida física, o monstro do ódio, filho desditoso do egoísmo, arma uns indivíduos contra os outros com uma ferocidade nem sequer encontrada entre os felinos mais agressivos...

Homens e mulheres-bomba, destruindo-se em favor de causas hediondas nascidas nas suas paixões criminosas, assassinando crianças, idosos, adultos, ou mutilando outros tantos, com tal frieza que choca, demonstrando o nível moral primitivo no qual ainda transitam.

Ao mesmo tempo, governos impiedosos que se desejam eternizar nas estruturas vergonhosas da rapina, do crime sem máscara, dos excessos que se permitem, sentindo-se ameaçados pelas massas sofridas e cansadas, escravizadas à miséria infamante, ordenam-lhes a matança generalizada... Esquecidos da fugacidade do carro orgânico no qual se movimen-

DESPAUTÉRIO
Opinião absurda; contrassenso, desconchavo, despropósito, disparate.

PROGNÓSTICO
Que indica alguma coisa vindoura.

ARGENTÁRIO
(Fig.) capitalista, milionário.

INFAMANTE
Que infama; que envolve infâmia; desacreditante, infamador, infamatório.

FUGACIDADE
(Fig.) Característica ou propriedade de tudo aquilo que possui pequena duração, que é transitório, passageiro; transitoriedade, efemeridade.

SICÁRIO Que tem sede de sangue; cruel, sanguinário.	tam, fazem-se sicários do seu próprio povo e depois se tornam abutres devoradores que se nutrem dos seus cadáveres...
COMPUNGIDO Arrependido, pesaroso; Sensibilizado, enternecido.	Enquanto parte da Humanidade acompanha compungida e triste esses sofrimentos coletivos, buscando diminuir-lhes o volume, minimizando as agruras do momento, outra grande parte foge da reflexão que se deveria impor, atirando-se aos festejos anestesiantes dos prazeres mentirosos, quebrando todas as regras do equilíbrio, da decência, da dignidade, conquistados ao longo dos milênios, voltando ao primarismo tribal e à total promiscuidade moral...
AGRURA (Fig.) Sofrimento físico ou espiritual; aflição.	
DROGADIÇÃO Dependência química; vício em drogas.	O erotismo agressivo e doentio que invade todos os segmentos sociais faz-se acompanhar dos outros *cavaleiros do apocalipse*, representados pela drogadição, pela violência, pela criminalidade, pelas aberrações de todo porte...

Atores do palco também terrível da ilusão, passam do momento do deboche e do riso à insânia e ao suicídio, da zombaria a todos os valores éticos à depressão e à falta de sentido existencial, formando, igualmente, a imensa caravana dos desafortunados sorridentes, dos infelizes festivos, dos sofredores mascarados.

A onda do desespero cresce e a psicosfera terrestre encontra-se em deplorável estado, gerando enfermidades e produzindo distúrbios de conduta que se multiplicam assustadoramente.

DEPURADOR Que ou o que depura ou purifica.	Não seja, portanto, de estranhar a ocorrência de novos e terrificantes fenômenos naturais depuradores de que ainda necessitam os seres humanos para melhor fixarem os objetivos existenciais, empregando os tesouros da inteligência e do conhecimento na manifestação dos sentimentos de justiça, de equidade, de amor, de fraternidade, ajudando a mãe Terra a atravessar este seu período de transição com menos tormentos.

O ser humano é o responsável por tudo quanto lhe acontece.

Elegendo a cultura do ódio, semeia a morte, que também o alcança no seu aspecto mais tenebroso – a de natureza moral –, quando poderia adotar a do amor e produzir a felicidade pessoal, gerando bênçãos à sua volta.

Os sofrimentos coletivos, portanto, deste momento são o resultado das condutas indignas e maldosas dos próprios indivíduos que, mais tarde, serão colhidos nas malhas das redes férreas dos resgates a que fazem jus...

Convidados a acompanhar os acontecimentos que sacodem a sociedade e fazem estertorar a cultura e a civilização, despertemos para a vivência do bem que reside em essência em todos nós, altera as paisagens morais do mundo e adentra-nos na faixa de regeneração que se aproxima.

Mais terríveis, portanto, do que esses fenômenos impostos pela Natureza, são os *tsunamis* morais que vêm sacudindo a sociedade terrestre ameaçada de extinção dos valores nobres e libertadores da evolução...

Tomemos Jesus como exemplo máximo de amor e de plenitude, e enfrentemos com valor as consequências da insânia anterior, esparzindo amor e fraternidade em todo lugar com os olhos postos no futuro.

ESPARZIR
Espalhar; derramar; dispersar.

CAPÍTULO 7

CRUELDADE INIMAGINÁVEL

Vianna de Carvalho

Q UANDO SE ESPERAVA QUE A CULTURA, a ética e a civilização alterassem o comportamento do ser humano, mais se constata, na atualidade, o seu imenso atraso moral, examinando-se-lhe a perversidade de que é portador, que se lhe demora coberta pelo verniz social que desaparece quando as paixões inferiores tomam-lhe conta do *ego*.

Mesmo nos dias atuais de cibernética e comunicação virtual, de satélites que pesquisam os espaços e daqueles que têm objetivos de espionagem, repetem-se as cenas detestáveis de horror que prosseguem assinalando a História.

Na África negra, as rivalidades tribais continuam corroendo-lhe a intimidade, assassinando centenas de milhares de vidas em guerras intermináveis, como as das etnias *tútsis* e *hutus*, que são o resultado de governança de ditadores desalmados que enriquecem demasiadamente ceifando as existências de todos aqueles que não compactuam com a sua tirania, algumas delas amparadas por civilizações progressistas de outros continentes, que os exploram com os seus armamentos e artefatos de destruição, bem como através do concurso da sua tecnologia e comércio de quinquilharias em nome da modernidade...

Por outro lado, povos infelizes como os curdos no Líbano, no Iraque e em outros países são dizimados sistematica-

TÚTSI
Povo guerreiro cuja principal atividade é o pastoreio e que invadiu terras das atuais repúblicas do Burundi e de Ruanda (África) nos séculos XIV e XV, dominando os hutus que ali residiam; tussi, uatúsi, uatútsi, watusi, watutsi.

HUTU
Povo africano banto que habita regiões agrícolas e se apossa de áreas rurais de outros povos.

QUINQUILHARIA
Qualquer objeto ou artefato sem grande valor, empregado em vários usos, principalmente domésticos; bugiganga, frandulagem.

CURDO
Povo que habita o Curdistão, região da Ásia, que se estende do planalto do Ararat até a parte leste do Tauro, a montanha de Zugros e o nordeste montanhoso do Iraque.

mente, conforme ocorreu com as várias etnias que habitavam os Bálcãs nos lamentáveis dias da destruição da poderosa Iugoslávia, organizada ferozmente numa falsa união pelo ditador Tito...

A interminável luta e os variados atentados entre judeus e palestinos, ao lado das terríveis vinganças realizadas pelas organizações criminosas que tomam a bandeira das liberdades políticas, organizam o terrorismo de todo porte que destrói milhares de vítimas, cada vez mais deploravelmente, como vem acontecendo em todo o mundo e, em particular, no Afeganistão, na Índia, no Paquistão, nas Filipinas e em diversos outros territórios, como a Chechênia...

Nas prisões em que se encontram *terroristas,* como não há muito, no Iraque, depois em Guantánamo, ou na Turquia e em inúmeros países ditos civilizados, os métodos bárbaros para arrancar confissões, assim como nas selvas da Colômbia com os sequestrados pelo narcotráfico, estarrecem mesmo as pessoas denominadas de *sangue-frio.*

O exemplo insano, entretanto, encontra-se presente na destruição em massa dos judeus e dos poloneses programada pelo desumano Hitler, de um lado, e por Stalin, de outro, que deixaram marcas inapagáveis na memória dos tempos, demonstrando que a barbárie independe de raça, cultura, nacionalidade ou situação econômica, encontrando-se no cerne do Espírito que, de um para outro momento, assume a sua brutalidade, espalhando o terror e a desgraça sobre as permanentes vítimas inermes, que são os demais seres humanos.

INERME
Sem meios de defesa; indefeso.

Como se pode imaginar que, somente no campo de extermínio de Auschwitz-Birkenau, em menos de cinco anos foram assassinadas maquinalmente um milhão e cem mil vítimas do ódio patológico dos nazistas, sem qualquer motivo, como se motivo houvesse para tão insólita calamidade?!

Apenas 7 mil prisioneiros foram libertados pelos soviéticos no dia 27 de janeiro de 1945, entre os quais aproximadamente 500 crianças, embora os criminosos houvessem de tudo feito para apagar as marcas hediondas dos seus crimes, incendiando barracões e depósitos, para logo fugirem à justiça...

A façanha bárbara começava quando as vítimas chegavam ao campo e eram iludidas, separadas dos seus familiares com a promessa de um novo encontro, já que seriam encaminhadas para outros lares, voltando a ver-se minutos antes do *banho,* quando obrigados a despir-se, a cortar todos os cabelos por hábeis companheiros infelizes que os precederam, humilhando-os e encaminhando-os para as câmaras de gás como se fossem ser higienizados...

A princípio, eram fotografados, fazia-se uma ficha, mas com a imensa quantidade que diariamente chegava ao campo de extermínio, passaram a ser numerados, perdendo a identidade, tatuados, para sempre coisificados e detestados...

As aberrantes experiências ditas científicas dirigidas pelo Dr. Mengele, com anões e gêmeos, atingindo o máximo da rudeza, realizando cirurgias sem qualquer anestesia ou assepsia, ou ainda os infectando com doenças contagiosas, a fim de verificar os resultados e as possibilidades de encontrar terapêuticas, usando-os como cobaias humanas, extraindo-lhes a pele e arrebentando-lhes os ossos, prosseguem chocantes quando todos delas tomam conhecimento...

O envenenamento produzido pelo Zyklon B e grãos de terra de silício, por ser muito barato e anteriormente usado para exterminar ratos, era derramado em gás por vinte minutos, assassinando 1.500 vítimas, após o qual eram abertos os tubos para a entrada de ar e a saída do tóxico, sendo amontoados os cadáveres e atirados aos fornos pelos sobreviventes, que seriam os próximos para a matança desenfreada.

ASSEPSIA
Conjunto de métodos preventivos usado para impedir a entrada de germes no organismo e prevenir infecções.

A farsa, muito bem urdida, exterminava os que sobreviviam dos campos de trabalho forçado, pelo excesso de labor de oito horas com péssima alimentação e promiscuidade de todo gênero, como se fossem animálias de carga desprezíveis.

Dos lares ou dos guetos de onde eram arrancadas as famílias e atiradas em vagões de trens, sem vaso sanitário, totalmente fechados, em jornadas que chegavam a duas semanas, caracterizava a técnica da crueldade, porque um número expressivo já desencarnava por asfixia, por enfermidades contraídas durante o percurso, ou porque, já enfermos, não suportavam as condições desumanas a que eram submetidos.

No começo, o ódio em Auschwitz era contra os poloneses intelectuais e honoráveis, que repudiavam a invasão do seu país ocorrida em 1º de setembro de 1939 pelos alemães e no dia 27 do mesmo mês pelos russos, dividindo sua pátria entre as duas potências perversas e insanas.

Ao aderir aos *aliados,* a Rússia perdeu a Polônia para os alemães, que então a transformaram no centro de sofrimentos e programações criminosas.

A cultura do ódio levou Hitler a dizer à sua *juventude nazista*, juventude que faria o *mundo tremer pela sua crueldade*, que os jovens deveriam ser impiedosos, hipnotizando-a de maneira jamais vista na História, exterminando judeus e poloneses...

❖

...E Jesus, que havia dito que todos nos amássemos, oferecendo-se em holocausto espontâneo para demonstrar a grandeza do Seu sentimento por todos nós, continuou velando pela sociedade enlouquecida, que vem retornando através da bênção da reencarnação ao mesmo proscênio dos seus horrorosos crimes, portadores de terríveis alienações mentais, deformações orgânicas, cegueira e paralisia, mudez e idiotia,

Momentos de sublimação

obsidiados terrivelmente por algumas das suas vítimas extremosas, nos mesmos sítios onde cometeram as arbitrariedades...

Do número espantoso de criminosos que escaparam da justiça humana, aproximadamente 7.000 participaram dos horrores nesses campos, foram alcançados apenas 800, os demais não conseguiram fugir à consciência nem às determinações dos Soberanos Códigos, ora expiando e sofrendo as consequências dos horrores impostos ao seu próximo.

Infelizmente ainda existem aqueles que negam as atrocidades que foram cometidas em centenas desses centros de horror, guetos ou campos de concentração, aferrados às suas paixões e ódios entre Oriente e Ocidente, que vêm consumindo as nações desde os já longínquos dias das Cruzadas.

Raia, lentamente, a hora nova de uma diferente sociedade, na qual o amor do Cristo estará acima dessas hórridas conquistas de breve duração, que são consumidas pelo tempo e os seus sicários vencidos pela morte, ensejando a construção da sociedade melhor por intermédio das criaturas mansas e pacíficas que se resolverão por seguir o Divino Pastor.

CRUZADA
Expedição de cunho militar e religioso, entre os anos de 1095 e 1270, em que a nobreza da Idade Média realizou a guerra santa com o objetivo de combater os infiéis e conquistar Jerusalém com o túmulo de Jesus Cristo.

HÓRRIDO
Horrendo, horripilante; Que causa horror, que apavora

CAPÍTULO 8

DESAFIOS
À PACIÊNCIA

Vianna de Carvalho

No BÁRATRO DAS ATIVIDADES DIÁRIAS, o cidadão bem-intencionado, forrado de ideias relevantes, enfrenta muitas dificuldades que são deflúvio das circunstâncias culturais e emocionais do momento que se vive na Terra.

Os interesses mesquinhos e agressivos predominam em a natureza humana tanto quanto nos seus relacionamentos, gerando pesado clima de conduta insana, em que rebolcam os sentimentos atormentados.

A ânsia pelo poder e pelo prazer, que deveria ser uma aspiração natural, transformou-se em distúrbio neurótico que atormenta de forma implacável os sentimentos, induzindo-o à busca dos valores materiais por quaisquer meios ao alcance, apesar de prejudiciais aos princípios ético-morais que sempre devem nortear a existência terrena.

Quando os valores elevados são substituídos pelos de natureza imediatista-hedonista, a sociedade saudável esboroa-se e o campeonato da insensatez toma conta dos indivíduos que se entregam às extravagâncias da licenciosidade e da tirania, diluindo as realizações nobres nos esgotos do primarismo.

O ser humano está fadado à conquista da plenitude, apesar dos demorados períodos em que vem estagiando nos processos da evolução, dando preferência aos sórdidos com-

BÁRATRO
Abismo, voragem.

DEFLÚVIO
Ato ou efeito de defluir; escoamento.

REBOLCAR
Debater-se, chafurdar-se

prometimentos com a sensualidade desmedida e os gozos que dizem respeito aos instintos básicos.

Sempre quando surgem os missionários do amor e da misericórdia, da sabedoria e da beleza, são-lhes impostas as provações por meio da crueldade, nas mais terríveis conjunturas, sendo-lhes necessário regar a plântula das suas nobres propostas com o sangue do martírio que, infelizmente, não sensibiliza ou umedece o solo dos sentimentos áridos dos seus adversários gratuitos.

Porque predomina a falsa cultura, aquela que é fruto mais da presunção do que do conhecimento, como a autossatisfação com tudo quanto se desfruta, parece não mais ser necessária qualquer contribuição de beleza ou de sabedoria para ampliar os horizontes emocionais e intelectuais vigentes.

Armados de prepotência, que é filha dileta do orgulho, os pseudocientistas embriagados do vão e débil saber, sempre arrogantes, levantam-se para negar Deus, pedindo-Lhe a oportunidade de um aperto de mão, em comportamento infantil, e, por extensão, opondo-se a todo contributo que diga respeito à imortalidade do Espírito e à sua comunicabilidade com os deambulantes da indumentária carnal.

DEAMBULANTE
Que deambula; que vagueia.

Por mais amplas hajam sido as investigações realizadas por mulheres e homens valorosos, do passado e do presente, que concluíram pela legitimidade de uma Causa Inteligente para o Universo e de continuidade da vida após o decesso tumular, postulam, vaidosos, que se trata de pessoas ingênuas e incapazes, por mais significativos sejam-lhes os títulos honoráveis oferecidos pelas academias e universidades do planeta.

Nesses negadores sistemáticos e irônicos inimigos dos princípios éticos que devem viger em todas as vidas, não há lugar para interesse algum em encontrar a verdade, mas sim o tormentoso desejo de impedir-lhe a propagação.

Geneticistas e físicos quânticos, biólogos moleculares e astrônomos veneráveis, cientistas de diversas áreas da pesquisa, após reflexões demoradas e investigações severas, ao concluírem pela Causalidade Divina do Cosmo e pela imortalidade da alma, são taxados de incapazes e ignorantes por alguns dos seus colegas que não têm a mesma coragem de despir a túnica do materialismo em que se ocultam, para assumir os fatos probantes em torno da Vida. Preferem manter a conduta extravagante, preservando o seu estado de *incredibile dictu* (incrível de dizer) sobre Deus e a imortalidade do ser, porque a mudança de conceito, pensam jactanciosamente, diminuí-los-ia ante os demais pedantes do seu círculo de relacionamentos. Permitem-se, então, a manutenção da atitude zombeteira e frívola da agressividade, por faltarem argumentos seguros para a defesa das suas teses tão niilistas quanto fantasiosas...

Por outro lado, defrontam-se os religiosos de acomodação, aqueles que se dizem fiéis aos postulados de alguma fé, sem que a conduta lhes demonstre a confirmação entre o que parecem acreditar e aquilo a que se aferram.

Indiferentes ao que venha a ocorrer após a morte do corpo somático, que escalonaram para as extravagâncias e conveniências da viagem carnal, quando surpreendidos pelo sofrimento que a todos alcança, procuram soluções rápidas, miraculosas, creditando-se merecimentos que, em realidade, não possuem.

São, de alguma forma, exploradores da fé, incapazes de terçar armas nas diversas crenças às quais se filiam, trabalhando em favor do seu próximo e do mundo menos atormentador, criando condições para que o bem e a alegria alcancem todos os seres.

Soberbos e presumidamente conhecedores dos postulados da Religião em que militam, opõem-se a qualquer proposta que lhes exija alteração de conduta para melhor, experiên-

NIILISTA
Próprio do niilismo (absoluta falta de crença).

ESCALONAR
Criar degraus em, dar forma de escada a.

TERÇAR
Dispor em diagonal; atravessar.

cias novas de aprimoramento do caráter, esforços de abnegação e de caridade, porque esse novo comportamento alteraria a sua agenda de atividade habitual, assinalada em excesso pelo conforto da ilusão...

Tornam-se, não raro, inimigos perigosos dos idealistas, especialmente dos novos cristãos, os espíritas, que dispõem de um arsenal de argumentações retiradas dos laboratórios da mediunidade, para demonstrar a finalidade superior da existência terrestre, tendo em vista a Vida imperecível. Assim ocorre porque a vestidura carnal, em face da sua constituição, é frágil e encontra-se em permanente transformação molecular, caminhando para a consumpção da forma em decorrência da desencarnação inevitável.

Obstinadamente se recusam a ouvir as novas contribuições das experiências científicas em torno da mediunidade, diagnosticam os fenômenos que desconhecem com os mesmos epítetos do passado, tais como: esquizofrenia, epilepsia, histeria, transtorno de conduta, ou utilizando-se de terminologia mais complicada, quando se supõem mais cultos e menos argutos...

Quaisquer tentativas para induzi-los a pensar e a reflexionar em diferente ordem de raciocínio ante as novas informações são rechaçadas com acrimônia e escárnio, por se acreditarem inalcançáveis pelos demais, já que situam a própria presunção em patamares muito elevados.

É indispensável paciência e confiança irrestrita nas Leis Soberanas da Vida, que não desejam o aniquilamento do ímpio, mas a sua transformação, vencendo a impiedade que nele se encontra e faculta-lhe o crescimento interior atraído pelo Deotropismo fatalista.

Quando o semeador da parábola saiu a semear, as suas sementes caíram, conforme a sublime narrativa de Jesus, em solos diferentes: alguns eram áridos e pedregosos, outros favoreciam as aves que se alimentavam dos grãos, outros eram ven-

---

EPÍTETO
Qualificação elogiosa ou ofensiva atribuída a algo ou alguém; alcunha, apelido, cognome.

ACRIMÔNIA
Atitude rude; acridez, agudeza, aspereza.

DEOTROPISMO
Estímulo que impele o ser a crescer em direção a Deus.

cidos pelo escalracho e diferentes ervas daninhas, que matavam a possibilidade de reproduzir-se, mas as poucas que encontraram terreno bom germinaram, tornaram-se plantas saudáveis e produziram maravilhosamente, a ponto de algumas se multiplicarem em mil, dez mil, ou apenas cem exemplares...

A sementeira do amor e da verdade deve prosseguir, apesar dos *donos da verdade irretocável*, permanecendo no solo da esperança as sementes de luz, a fim de que um dia venham a fecundar-se e transformem o terreno em que se encontram em jardim formoso ou pomar de bênçãos.

A tirania de uns, a indiferença de outros, a acomodação de mais outros não devem desanimar o bom trabalhador do Evangelho, antes lhe cabe utilizar-se da ocorrência para desenvolver os sentimentos da paciência e do amor com a compaixão, sem manter qualquer ressentimento com esses que preferem, no momento, a permanência nos compromissos assumidos...

Um dia, que não está longe nem tão perto, a Providência os chamará a novas condutas, conforme ocorreu conosco próprios, e a terra sáfara ficará coberta de luxuriante vegetação nascida nos tecidos delicados do sentimento do amor e da paz.

ESCALRACHO
Planta daninha invasora das searas.

SÁFARO
Que não produz; agreste, estéril, improdutivo.

CAPÍTULO 9

AUDITÓRIOS SOFISTICADOS

Vianna de Carvalho

Em todos os tempos, os oradores mais hábeis, sempre que convidados a discursar nos auditórios que se celebrizaram por aqueles que ali passaram, tiveram a preocupação de dar à sua palavra os tons insuperáveis da sabedoria, em formulações cultas que produzissem impacto e admiração inicial nos seus ouvintes.

Apelavam para as técnicas do discurso, citando personagens célebres e suas palavras, em tonalidades harmoniosas unidas a gesticulação bem estudada, de forma que pudessem produzir a desejada simpatia geral.

Era sempre muito grande a preocupação com o estilo e a forma, sem olvido, naturalmente, do conteúdo.

Nada obstante esses cuidados, quando as ideias não lhes eram conhecidas ou não lhes despertavam o interesse imediato, os presentes desviavam a atenção, demonstrando enfado ou desprezo pelo orador e sua mensagem.

O caso típico desse comportamento encontra-se na apresentação do apóstolo Paulo, no Areópago, em Atenas.

A presunção e a falsa cultura que predominavam entre os intelectuais gregos – distantes dos postulados éticos de muitos dos seus nobres ancestrais –, apesar de leve condescendência para com o expositor malvestido, levaram-nos a não aceitar as

OLVIDO
Ato ou efeito de olvidar(-se) ou de esquecer(-se); esquecimento, olvidamento.

ENFADO
Sensação de tédio, de mal-estar diante de algo aborrecido, maçante.

AREÓPAGO
Supremo tribunal de justiça de Atenas, célebre pela retidão e imparcialidade; reunia-se na colina de Ares.

MALVESTIDO
Que ou aquele que se traja mal, sem cuidado ou elegância.

> **EMPATURRADO**
> (M.q.) Empanturrado.
>
> **HEDONISMO**
> Doutrina que considera a busca do prazer como o bem supremo, o principal objetivo da vida moral.
>
> **SOFISMA**
> Argumentação aparentemente verossímil ou verdadeira, porém apresentando, involuntariamente, falhas lógicas; falácia.
>
> **SILOGISMO**
> Na lógica aristotélica, raciocínio em que se fazem duas proposições (premissas) para delas deduzir uma terceira (conclusão).
>
> **APUPO**
> Alarido de troça, de desagrado; vaia.
>
> **SODALÍCIO**
> Qualquer associação, irmandade, confraria etc
>
> **TRICA**
> Embuste, trapaça, tramoia;
>
> **OBJURGATÓRIA**
> (M.q.) Objurgação; censura veemente; repreensão violenta.
>
> **INTIMAR**
> Ofender com insultos; afrontar, insultar.

informações *a priori*, porém, logo que ele aprofundou-se no tema, revelou-lhes a grandeza da personalidade de Jesus.

Empaturrados do hedonismo uns e do cinismo filosófico outros, não dispunham de espaço mental para novas formulações em torno da vida e dos seus objetivos essenciais.

O tédio e a futilidade dominavam-lhes o comportamento, reservando a inteligência para os sofismas, silogismos e debates intermináveis quão inúteis em que se exibiam, cada qual com pretensão de ser mais hábil e profundo conhecedor do que o outro.

Perderam, pela vã filosofia, extraordinária oportunidade de travar contato com o Nazareno que desprezaram, porque Ele ressuscitara, o que lhes parecia mitológico, absurdo, insensato...

Antes havia sido Estêvão, que, obrigado a defender-se das acrimoniosas e injustas acusações a respeito do seu ministério na *Casa do Caminho,* viu-se agredido fisicamente por Saulo, o arrogante doutor da lei, que lhe não participava das ideias, porque aferrado ao judaísmo decadente.

Entre apupos e vociferações de toda ordem, o jovem cristão enfrentou os tiranos sem disfarçar a nobreza dos postulados que abraçava, abordando com lógica irretorquível as lições libertadoras de Jesus, por aquele mesmo sodalício condenado à morte pouco antes, porque nao se submetera às suas tricas e objurgatórias.

A simplicidade e profundeza dos conceitos emitidos irritavam os opositores, que, incapazes de debater no campo das ideias, apelavam para a desordem e a força, em vãs tentativas de intimar o apóstolo preparado para o martírio.

Ainda hoje se encontram no mundo os grandiosos auditórios onde desfilam as vaidades e multiplicam-se os déspotas disfarçados de portadores do conhecimento e formadores de opiniões.

Momentos de sublimação

Normalmente asfixiados pelo soez materialismo ou pelo daninho fanatismo religioso, consideram-se os únicos pensadores capazes de traçar comportamentos culturais para os demais, situando-se acima daqueles que não compartem as suas opiniões e aureolando-se dos louros da vitória, em simulacro de parceiros das Musas e dos deuses do Olimpo da cultura.

Parecem impassíveis às propostas de desenvolvimento intelecto-moral fora das suas escolas de pensamento e de fé, combatendo com acrimônia tudo e todos que se proponham a melhorar a situação espiritual da sociedade.

Suas tribunas e cátedras estão sempre reservadas aos pares, àqueles que são portadores dos títulos lisonjeiros que se permutam na disputa do estrelado magnífico da exaltação do *ego*.

Não que sejam escassos aqueloutros que, igualmente portadores dos louvores dos centros de cultura e de ciência, estão abertos a novas reflexões e análises do que ignoram, abraçando os resultados defluentes da investigação que se permitem afanosamente, de imediato transmitido aos demais.

São esses verdadeiros estoicos da abnegação e da coragem que mantêm acesa a claridade do conhecimento livre, que se reconhecem como aprendizes da Vida, sempre crescendo no rumo da plenitude intelectual, sem a perda dos elevados compromissos éticos indispensáveis à existência enobrecida.

Diante dos paradoxos de tal natureza, torna-se imprescindível a todo aquele que divulga as incomparáveis lições em torno da imortalidade da alma não temer a presunção e o fastio da falsa e dourada cultura, usando cátedras, tribunas ou os singelos recintos de edificação espiritual, qual o fizeram a princípio Estêvão na *Casa do Caminho* e Paulo nas mais diversas situações, inclusive na *Domus Aurea*, em Roma, diante da truculência de Nero, *cirurgiando* os tumores malignos da hipocrisia e da promiscuidade, enquanto aplicava o *mercuriocromo* para a cura desses males, em forma da mensagem de Jesus.

SOEZ
De pouco ou sem nenhum valor; barato, reles.

COMPARTIR
Tomar parte em; compartilhar.

SIMULACRO
Aparência sem realidade; ação simulada.

MUSA
Cada uma das nove deusas, filhas de Zeus e Mnemósine, que presidiam às ciências e às artes; camena.

MERCURIOCROMO
(M.q.) Mercurocromo; Composto mercurial cristalino (C20H8Br2Hg-Na2O6), produzido de fluoresceína e acetato mercúrico, de aplicação tópica como antisséptico e germicida; merbromina, merbromino.

UNTUOSO
(Fig.) Hipócrita, que transmite uma sensação desagradável, não limpo.

PALAVRA
Ensinamento ou doutrina.

Provavelmente, os untuosos dominadores mundanos rejeitarão a partitura musical da inolvidável Palavra, mas nunca se olvidarão desses momentos sinfônicos em que a escutaram, apesar dos ouvidos entorpecidos pela mentira e a mente atribulada pelos interesses subalternos.

Nunca preocupar-se em demasia, portanto, todo aquele que se dispõe a elucidar a ignorância e disseminar a verdade em nome de Jesus, especialmente através do Espiritismo, com os cultores da inteligência trabalhada pelo academicismo tradicional, mais preocupado em dar brilho ao conhecimento, colocando os seus *iluminados* distante das necessidades humanas que alguns se recusam a atender.

As tribunas clássicas dos debates culturais vêm sendo corroídas pelo tempo, que lhes tem imposto novos comportamentos, enquanto os exemplos daqueles que usam a palavra na construção e manutenção da ética da solidariedade e do amor permanecem solucionando os graves problemas que afligem a sociedade.

DESATAVIADO
Que não tem atavios; desadornado, desenfeitado.

ESCOPO
Algo que se pretende conseguir ou atingir; intenção, objetivo.

STATU QUO
Estado em que certa situação se encontrava anteriormente.

INVETERADO
Estado em que persiste; que não se corrige; crônico, incorrigível, irregenerável.

A palavra espírita é simples e desataviada, tendo como escopo conduzir as mentes e os sentimentos às esferas da harmonia mediante a razão e o discernimento, porque totalmente livre de adereços e dependências do *statu quo*.

Ela é destinada a todos os indivíduos que se encontram na Terra, sejam eles intelectuais ou modestos cultivadores do solo, administradores poderosos ou mendigos, exemplos de saúde ou enfermos, possuidores de riquezas materiais ou despojados de todos os bens, qual ocorreu com os ensinamentos de Jesus, que foram direcionados para todos os biótipos humanos. Entretanto, não será oferecida aos discutidores inveterados, aos que se encontram empaturrados de presunção e se acreditam bem situados nos acolchoados da inutilidade.

Ao reverberar o erro e orientar a conduta saudável, a mensagem deve chegar aos ouvidos das necessidades como brisa perfumada em plena primavera que impregna e nunca mais desaparece.

Em qualquer lugar, portanto, seja a nobre sala das conferências, o modesto recinto da Casa Espírita, o santuário da Natureza, o confortável areópago das grandes cidades, o contato com o transeunte, o verbo eloquente e abençoado poderá atender os viajantes carnais para os quais os Espíritos nobres elaboraram com Allan Kardec a Codificação.

CAPÍTULO 10

REFLEXÕES ESPÍRITAS NA ATUALIDADE

Vianna de Carvalho

As ínsitas belezas dos postulados espíritas, conforme foram elaborados pelos mentores da Humanidade e apresentados na Codificação por Allan Kardec, caracterizam-se, essencialmente, pela simplicidade e lógica de linguagem, assim como são portadores de fácil vivência no dia a dia existencial.

O estudo dos seus conteúdos filosóficos e científicos propõe reflexão cuidadosa e aplicação imediata, restaurando os significados psicológicos elevados de Jesus, cuja mensagem permanece desafiadora no seu direcionamento para todas criaturas.

Nos primórdios da divulgação do pensamento de Jesus, narrados nos textos de Mateus Levi, nas reminiscências daqueles que viveram com Ele e os Seus dias, a simplicidade era a tônica essencial das informações, o que produzia um grande impacto nos candidatos ao *Reino dos Céus*.

Mesmo quando o apóstolo Paulo ampliou a área de divulgação, manteve-se fiel aos significados legítimos da Palavra, vivendo de forma perfeitamente compatível com as notícias a respeito da vida do Homem Integral e insuperável.

À medida que o tempo se foi distanciando dos dias apostólicos, as interpretações pessoais passaram a alterar os ensinamentos que foram, a pouco e pouco, adaptados às conveniências e acomodações mundanas.

Como é possível conciliar-se o comportamento do Senhor, que a tudo se submeteu em testemunho de amor às criaturas e de fidelidade ao Pai, aos impositivos das construções legais injustas e absurdas, asfixiando a mensagem na formulação dos dogmas ultramontanos, da aceitação dos abusos imperiais de César, que culminaram em perseguições odientas e lamentáveis àqueles que O desconheciam ou não Lhe aceitavam os convites renovadores?!

Lentamente, os insuperáveis *poemas das bem-aventuranças, das parábolas de luz* e as indescritíveis lições de amor e de ternura para com todas as criaturas foram substituídos por hábeis *concordatas* políticas de conveniência terrestre, culminando no denominado *Direito Canônico* para a dominação do Estado e da sociedade, que ficaram submetidos aos caprichos de homens que, de um para outro momento, impuseram-se como *infalíveis* em matéria de fé...

Poderosos, passaram a administrar os negócios do mundo com mão de ferro, desencadeando guerras perversas, a fim de manterem-se no poder, chegando à presunção de tornar-se representantes de *Deus na Terra*.

Responsáveis pelo atraso da cultura durante a Idade Média e tornando-se severos adversários do *Modernismo, da democracia,* mantiveram-se no poder, enquanto os cárceres encontravam-se superlotados por aqueles que eram tidos como adversários, somente porque discordavam dos ditames cruéis, embora participando da mesma crença...

ULTRAMONTANO
Aquele que deseja tornar o mais extenso possível o poder temporal e espiritual do papa.

CONCORDATA
Acordo entre um Estado e o Vaticano acerca de assuntos de interesse comum.

DIREITO CANÔNICO
Conjunto de preceitos estruturadores e disciplinares da Igreja Católica Apostólica Romana, estabelecidos pelo papa e pelos concílios.

MODERNISMO
Movimento cristão do início do século XX, condenado em 1907 pelo papa Pio X (1835-1914), que propunha uma nova interpretação do catolicismo à luz da exegese moderna e conforme as necessidades da época.

Em lugar da mensagem de edificação legada por Jesus, cujos efeitos danosos apresentam-se nos disparates de comportamento das criaturas, ainda hoje permanece o amontoado de decretos e de legislação complexa e inaceitável que ocultam os legítimos ensinamentos de amor e de compaixão, de misericórdia e de perdão naqueles que se dizem seus herdeiros.

É inevitável que a rebeldia das novas gerações e a violência da miséria de todo porte se sublevem em reações criminosas contra a sociedade e descarreguem o ódio da opressão nas demais criaturas.

Todos os ensinamentos de Jesus derivam-se das duas proposituras sublimes por Ele enunciadas e vividas: *Amar a Deus acima de todas as coisas e ao próximo como a si mesmo*, assim como *não fazer a outrem o que não se deseja que se lhe faça*, sintetizando toda a Lei, todos os profetas e as sublimes dissertações com que vem encantando o ser humano através dos séculos.

De igual maneira, o *Consolador Prometido* apresentou-se à cultura do século XIX, enfrentou o pensamento filosófico e experimental da época, suportou os apodos e os antagonismos, venceu, passo a passo, a intolerância e o despotismo, em razão da simplicidade, da grandeza dos seus postulados firmados na experiência dos fatos, assim como da leveza dos seus ensinamentos.

Ao enfrentar as grandes mudanças culturais, científicas e tecnológicas, o Espiritismo é confirmado pelas doutrinas que se lhe apresentavam antagônicas, recebe o apoio e o aplauso de muitos que lhe eram adversários, pela força doutrinária de que se reveste, promove o ser humano e dá-lhe dignidade.

Lentamente, porém, alguns adeptos sinceros, sem dúvida, atormentados pelas imposições egoicas, olvidam-se que a Doutrina é dos Espíritos, mas *será o que dela fizerem os homens,* qual ocorreu com outras Revelações que a precederam,

---

DISPARATE
Ação, ideia ou dito desarrazoado, sem nexo ou coerência; despropósito; contrassenso.

SUBLEVAR
Levar a, ou entrar em revolta, rebelião ou motim; revoltar(-se).

APODO
Comparação ultrajante, depreciativa; gracejo, mofa, zombaria.

REVELAÇÃO
Conjunto de verdades divinas ou mistérios manifestados por Deus ao homem por meio dos profetas, anjos ou santos.

propõem normas e diretrizes de segurança, complicam o entendimento das suas sublimes lições.

Embora as propostas doutrinárias permaneçam irretocáveis, as disciplinas elaboradas para as instituições e sociedades espíritas primam pela complexidade dos estatutos e legislações, que fazem lembrar o Concílio Vaticano I, de 1870, com os lamentáveis efeitos que dele se derivaram...

Sempre os hábitos de repetir-se experiências malogradas, em vãs tentativas da sustentação do mando, da governança, da necessidade quase despótica de imposição pessoal, compreendendo-se, porém, que tal ocorre porque não são outros aqueles que ora se encontram nas liças novas, senão os mesmos que fizeram naufragar ontem os elevados paradigmas do bem...

Todo o acervo especial do Espiritismo pode sintetizar-se no paradigma apresentado por Allan Kardec: *Fora da caridade não há salvação,* que constitui o estatuto de conduta para todos os seus adeptos e simpatizantes, bem como na trilogia de alta significação: *Trabalho, solidariedade e tolerância...*

É indispensável preservar-se o legado do Evangelho do Mestre, em toda a sua pulcritude, a fim de que o escalracho que sempre medra ao lado da erva boa não a asfixie, ameaçando-lhe a sementeira.

A espontaneidade dos conteúdos doutrinários, embora os altos postulados científicos e filosóficos de que se revestem, permaneçam ao alcance de todos indivíduos, de forma que se permitam penetrar pela sabedoria que leva à iluminação, desse modo, tornando-se mulheres e homens de bem, conforme as características apresentadas por Allan Kardec em *O Evangelho segundo o Espiritismo.*

Quando existe exagerada preocupação com a forma, o conteúdo enfraquece o significado e o formalismo substitui a essência daquilo que é fundamental para uma existência feliz.

CONCÍLIO VATICANO I
Vigésimo concílio ecumênico, reunido na Basílica de S. Pedro, no Vaticano, entre 1869 e 1870, convocado pelo papa Pio IX, pautou-se pela definição de estratégias de afirmação do poder papal e da instituição que é a Igreja Católica, além do reforço teológico e doutrinal dos princípios básicos sobre a fé, Deus como criador do Universo e de todas as coisas, a Revelação Divina e a Igreja e o seu magistério universal.

MALOGRADO
Que se malogrou; que teve mau êxito; gorado; frustrado.

LIÇA
(Fig.) Lugar onde se avaliam questões sérias.

PULCRITUDE
Qualidade do que é pulcro; beleza, formosura; perfeição.

MEDRAR
Crescer; desenvolver(-se).

Sem dúvida, à medida que o Movimento Espírita expande-se, torna-se necessário tomar-se providências doutrinárias que impeçam o enxerto de ideias inadequadas, assim como de comportamentos esdrúxulos e injustificados que possam tisnar a saudável e correta divulgação dos seus paradigmas.

Nunca, porém, a preocupação exagerada com fórmulas e diretrizes que se convertem em imposições comportamentais, asfixiando o sentido nobre e libertador de que se reveste o Espiritismo, no seu elevado objetivo de restaurar o pensamento de Jesus na atualidade, dá lugar a uma sociedade justa e equânime que tenha como objetivo psicológico essencial a sua imortalidade e plenitude.

ENXERTO
(Fig.) Coisa que se juntou a outra diferente para determinado fim.

TISNAR
(Fig.) Tornar(-se) impuro; macular(-se).

CAPÍTULO 11

O PRIMADO DO ESPÍRITO

Vianna de Carvalho

Os futurólogos previram com segurança o desenvolvimento científico e tecnológico da Humanidade, e hoje pode ser constatado o acerto de muitas dessas conjecturas otimistas, que facultam comodidades ao ser humano como dantes jamais foram imaginadas...

Inventos engenhosos e artefatos fantásticos de expressiva complexidade geraram conforto material e contribuíram eficazmente para o bem-estar das criaturas terrestres.

Avanços significativos alteraram profundamente a geografia planetária, erguendo cidades fabulosas e construindo veículos especiais capazes de desenvolver velocidades supersônicas, assim diminuindo as distâncias físicas, enquanto a comunicação virtual facilitou o intercâmbio sob muitos aspectos entre os indivíduos.

Enfermidades dilaceradoras que dizimavam periodicamente a sociedade foram debeladas, enquanto a técnica de diagnóstico identifica inúmeras patologias que permaneciam ignoradas e tornam-se passíveis de terapias curativas.

Pântanos ameaçadores, charcos pestilentos e desertos áridos transformaram-se em jardins e pomares, enquanto os rebanhos de animais domésticos multiplicaram-se, saudáveis, em benefício das comunidades humanas.

DEBELAR
(Fig.) Pôr fim ao efeito de algo que é considerado prejudicial; extinguir.

PATOLOGIA
Estado de saúde considerado anormal ou desviante; doença.

PÂNTANO
Porção de terreno às margens dos pequenos e grandes cursos de água, quase sempre inundada por águas estagnadas e coberta por densa vegetação.

CHARCO
Porção de água estagnada e pouco profunda.

As sombras que campeavam soberanas cederam lugar a variada iluminação, o frio terrível pode ser aquecido e o calor asfixiante amenizado graças à contribuição de aparelhos especiais que favorecem o equilíbrio térmico em benefício da saúde e da produção ampliada nas indústrias e em toda parte.

Sem qualquer dúvida, valiosíssima contribuição da cultura e dos engenhos, da arte e do pensamento tornaram este século o da beleza, do conhecimento, da comodidade e do lazer.

Multiplicam-se os esportes e as recreações, alcançando os graves patamares de *radicais*, e para milhões de indivíduos o mundo é uma festa intérmina, um imenso palco para exibição de tudo, inclusive as mais diversas, nem sempre felizes, expressões do gozo.

Lamentavelmente, porém, a ilusão do poder e do desfrutar não solucionou os estarrecedores fenômenos psicológicos, socioeconômicos e morais que assolam, arrebanham incontável número de vítimas que estorcegam nos grilhões do sofrimento.

A drogadição e os transtornos de conduta, o sexo desvairado e as ambições desmedidas, o alcoolismo, o tabagismo e os crimes hediondos apresentam estatísticas elevadas que surpreendem os estudiosos do comportamento na atualidade febricitante em alucinação que toma conta do mundo.

A agropecuária, baseada nas conquistas científicas, e os produtos manufaturados na área da alimentação não têm conseguido atender a fome das centenas de milhões de miseráveis que contemplam, esquálidos, o desperdício dos poderosos indiferentes, dominados pelo câncer do egoísmo que também os devora.

Os acordos internacionais não diminuíram as lutas étnicas entre os povos de sua própria nação, enquanto a ameaça de alguma guerra de extermínio geral paira sobre a Humanidade, qual espada de Dâmocles prestes a desferir o golpe, sustentada apenas por delicado fio...

CAMPEAR
Continuar a existir; prevalecer.

ASSOLAR
Pôr por terra; arrasar, destruir, devastar.

GRILHÃO
(Fig.) Ligação imaterial que suprime a liberdade de alguém; laço, peia, prisão.

ESQUÁLIDO
Que apresenta alto grau de desnutrição; macilento, magro.

A economia, programada de maneira a tornar mais poderosos aqueles que já são arbitrariamente ricos, sofre contínuos golpes na oscilação constante das bolsas, em decorrência dos fenômenos que têm lugar nos diferentes países poderosos, cujas balanças estão quase sempre em desequilíbrio.

Esse comportamento econômico deixa os povos em aflição, geram desconforto e morte...

A negligência e as ambições desmedidas de autoridades e de nações têm contribuído para o aquecimento gradual do planeta, que sofre ameaças terríveis de destruição da sua fauna e flora, por fim, do próprio ser humano, seu devastador.

Tudo isso e muito mais porque as conquistas morais não alcançaram os níveis equivalentes daqueles de ordem material.

A decadência das religiões opressoras do passado e a volúpia dos novos grupos do Evangelho produziram mais pessoas indiferentes e niilistas do que realmente fiéis, aturdidas na sua maioria pela conquista do *reino da Terra* em detrimento das paisagens dos *Céus*...

A miséria e a ignorância geraram a violência doméstica, escolar e urbana com elevados índices de criminalidade.

O vazio existencial defluente da perda dos objetivos psicológicos, das tradições e dos valores da família abriu espaço para os complexos distúrbios emocionais, enquanto o medo assenhoreia-se dos diversos segmentos da sociedade.

Na grandeza exterior encontra-se, também, a lamentável desarticulação dos tesouros ético-morais, com prejuízos incalculáveis para a hodierna civilização...

Concomitantemente, porém, anunciam-se novos tempos de amor e de paz, de fraternidade e de renovação humana.

Do quase caos de natureza moral, surgem as florações da esperança em outros valores que não apenas esses que produzem sensações e devaneios, gozos exaustivos e frustrações doentias.

> **BOLSA**
> Instituição pública ou privada, conforme a legislação de cada país, na qual, com a intervenção de corretores, são negociados fundos públicos, títulos de crédito, ações, mercadorias etc.

O Espiritismo, dando cumprimento à promessa de Jesus a respeito de o *Consolador*, chega neste mómento de graves tribulações, oferece o tesouro da fé lógica e racional, restabelece as diretrizes enobrecedoras do conhecimento em torno da imortalidade do Espírito e propicia alegrias não imaginadas anteriormente...

Exausto da ilusão transformada no pesadelo dos sofrimentos, o ser humano desperta aos clarins da verdade para o saudável comportamento baseado nos compromissos de respeito à vida em todas as suas expressões.

> **CLARIM**
> Instrumento de sopro, com ou sem pistões, de som estridente.

Sem desconsideração pelas gloriosas conquistas logradas antes, delas utilizando-se o Espiritismo favorece as mentes e as emoções com a realidade da vida, apresentando nova ética, que é a mesma ensinada e vivida por Jesus e pelos Seus apóstolos, exarada no amor e na construção do bem de todas as maneiras possíveis, capaz de alterar para melhor a situação de extrema angústia que paira na Humanidade.

Ao som harmonioso do *Sermão das Bem-aventuranças*, implanta-se na Terra, suavemente, a proposta da abnegação e do dever de amar entre todos os indivíduos que, iluminados pela revelação dos Espíritos, transformam-se em vexilários do bem, abrindo espaços para a felicidade de todos, sem distinção de raça ou etnia, de cor ou de religião, de partido político, todos, porém, irmanados pelo sentimento do bem.

> **VEXILÁRIO**
> Porta-estandarte, porta-bandeira, alferes.

CAPÍTULO 12

INFORMAÇÕES DESCABIDAS

Vianna de Carvalho

Q<small>UASE TODAS AS PROPOSTAS IDEALISTAS</small>, na medida em que se fazem conhecidas, perdem em profundidade o que lucram em superfície.

De igual maneira vem sucedendo ao Movimento Espírita, cuja divulgação merece aprofundar os conceitos doutrinários, a fim de oferecer subsídios valiosos aos iniciantes e interessados em conhecer na sua realidade legítima a Doutrina libertadora da ignorância espiritual sobre a vida.

Em face da popularização dos nobres conteúdos filosóficos, pessoas inescrupulosas transformam-se de um para outro momento em pretensos esclarecedores do pensamento espírita, introduzindo as próprias ideias em razão do quase total desconhecimento espiritista.

PRETENSO
Que se supõe, imagina ou pretende.

Não poucas vezes, presunçosos e arrogantes, criam diretrizes burlescas e teorias esdrúxulas que dizem provir do Mundo espiritual, *completando o que Allan Kardec não teve tempo de realizar.*

BURLESCO
Que provoca riso por ser extravagante ou grosseiro; caricato, ridículo.

PROVIR
Ter origem de (em); originar--se, proceder.

Nesse capítulo, surgem movimentos denominados *um passo adiante* do que se encontra estabelecido na Codificação, como resultado de informações *perfeitamente compatíveis com as conquistas da Ciência contemporânea.*

Outros indivíduos, portadores de conflitos psicológicos, projetam os seus transtornos na farta clientela desprevenida e se apresentam como portadores de mediunidade especial, caracterizada por expressiva clarividência, que lhes permite antever o futuro, detectar o presente, formular diagnósticos de enfermidades graves e resolvê-las, identificar obsessões perversas, infortúnios porvindouros... E utilizam-se da iluminação que se atribuem, apresentam fórmulas salvacionistas, propõem comportamentos incompatíveis com o bom senso e a lógica doutrinários.

> **CLARIVIDÊNCIA**
> Faculdade que tem o médium de tomar conhecimento de fatos ou coisas sem a utilização dos sentidos.

É lamentável que tal fenômeno tenha lugar num movimento que pretende traduzir a grandeza do pensamento dos imortais com simplicidade e lógica, embora a sua grandiosa e complexa estrutura intrínseca.

Sucede que os tormentos da vaidade e do orgulho, que ainda predominam em a natureza humana, como herança do seu processo de evolução antropológica, impedem ou dificultam que o indivíduo amolde o caráter moral às novas propostas de iluminação, tornando-se-lhe mais fácil adaptá-las ao seu vicioso modo de ser.

> **AMOLDAR**
> Tornar(-se) conforme; adaptar(-se), ajustar(-se), amoldurar(-se), conformar(-se)

No começo, um grande entusiasmo invade esses desprevenidos, que se deixam tocar interiormente pela significativa contribuição imortalista, logo após se acostumando com a informação valiosa e, necessitados como se encontram de novidades, criam, fascinados pelo próprio raciocínio, correntes de pensamento que lhes projetem o *ego*, a desserviço da divulgação saudável e correta do Espiritismo.

É sempre valioso recordarmo-nos da frase enunciada por João, o *Batista*, a respeito de Jesus, quando elucida: – *É necessário que Ele cresça e que eu diminua.*

Assim, agiu corretamente, porque o seu era o ministério de preparar-Lhe os caminhos, diminuir as asperezas, que se tornaram ainda muito complicadas para vencê-las, fazendo, porém, a sua melhor parte.

Aos espiritistas, portanto, novatos ou militantes, que tudo façam para que a Doutrina cresça e eles diminuam, de modo que realizem o mister que lhes cabe sem a ufania de serem inovadores, médiuns especiais e reveladores, completistas do trabalho do codificador ou elucidadores das diretrizes fornecidas pelos Espíritos, o que lhes desvela a insensatez e a presunção, demonstrando que não fossem eles e não se compreenderia a Revelação, que, no entanto, é simples e profunda.

> **UFANIA**
> Estado ou condição de quem se orgulha e regozija.

Também repontam os defensores do Espiritismo, sempre preocupados com a forma exterior e não com a vivência interna, quais antigos fariseus, estando sempre vigilantes para denunciar, agredir os demais e aparecer com a bandeira da salvação, como se fossem necessários. Olvidam que a sua jornada terrestre é sempre breve, e que se o Espiritismo os necessitasse para esse fim, bem pobres seriam a sua filosofia e ética-moral, porque dependentes da sua defesa. Quando desencarnassem, como é inevitável e tem sucedido com todos esses que assim se comportam, o pensamento espírita ficaria órfão e logo desapareceria. Ledo engano, a morte, que a todos arrebata, não consegue diminuir o impacto e a força da *Terceira Revelação* que vem dos Céus à Terra, ao inverso do que alguns pensam...

A maneira mais vigorosa e própria para a divulgação do Espiritismo é a exposição dos seus ensinamentos conforme se encontram na Codificação, naturalmente apresentando contribuições convergentes, contemporâneas, sem alardes nem sensacionalismos, porquanto os mentores da Humanidade prosseguem vigilantes, a fim de que nada venha a faltar para que, em breve, seja conhecido e vivenciado.

Portanto, é de igual e magna importância viver-se o dia a dia existencial fixado no programa elaborado pelo *Consolador Prometido,* demonstrando a alegria de participar deste momento, com fidelidade ao amor e à caridade, vivenciando uma conduta moral saudável, tornando-se *carta viva* do Evangelho, a fim de que todos possam ver no seu comportamento o profundo e desafiador contributo que proporciona felicidade e paz.

Desse modo, não há lugar no Movimento Espírita para pessoas-fenômeno, para gurus de ocasião, para reveladores extravagantes, para mensagens bombásticas, para informações apavorantes, a fim de atrair adeptos temerosos do *fim do mundo, do juízo final, dos umbrais, da necessidade de fazer a caridade de modo a evitar sofrimentos* e quejandos...

> QUEJANDO
> Que ou o que é da mesma natureza; semelhante, similar.

O Espiritismo ilumina a consciência, liberta os sentimentos das prisões emocionais, das dependências de pensamento febril, faculta aos seus adeptos a responsabilidade pelos próprios atos, sempre geradores de consequências compatíveis com a sua constituição.

Doutrina da alegria, não é festeira, nem pode ser transformada em um oásis de fantasias para diversão ou frivolidade.

É uma ciência grave e simples, que se destina a pessoas sérias, laboriosas, que anelam por uma sociedade mais solidária e fraternal.

Todo o investimento de zelo e carinho, responsabilidade e amor na vivência dos seus postulados, de que se encarrega o movimento organizado pelas criaturas humanas, deve ser levado em conta, a fim de que o Espiritismo alcance a finalidade para a qual foi enviado pelo Senhor, qual seja, a verdadeira construção do Reino de Deus no coração.

CAPÍTULO 13

ALLAN KARDEC, MISSIONÁRIO DE JESUS

Vianna de Carvalho

A PESAR DA TERRÍVEL SUJEIÇÃO IMPOSTA pelo imperador Luís Filipe, pela família Molet e outros, em tétrico conciliábulo com a Religião dominante, pairavam na psicosfera da França aturdida pelo materialismo e pelo positivismo o pensamento e o amor de Jesus, prenunciando os dias porvindouros da Codificação Espírita.

Em novembro de 1831, os nobres sacerdotes Lamennais, Lacordaire e Montalembert viajaram a Roma para entrevistar-se com o papa Gregório XVI, conforme acontecera antes com Leão XII, objetivando conseguir a *liberdade de Deus* no solo francês, distante da intolerância e das perseguições que dominavam os arraiais da Igreja Católica.

Escrevendo, todos eles, no jornal *L'Avenir* (O Porvir), situado à margem esquerda do Rio Sena, batalhavam pela autenticidade da fé religiosa, concedendo atenção ao povo sofrido e às necessidades de revitalização do Cristianismo nos moldes apresentados por Jesus e pelos Seus discípulos amados.

Não havendo conseguido êxito no tentame, porque o papa encontrava-se muito preocupado com as questões do estado leigo e com a pompa, os missionários da esperança retornaram amargurados, sendo que Lamennais, mais ardente

TÉTRICO
Que provoca medo ou horror; medonho, horrível, tetro.

TENTAME
Ato de tentar; tentativa.

nos seus objetivos, foi tomado de indescritível frustração e rebelou-se.

Publicando obras que o tornaram herege pela Religião que antes professava, foi perseguido, aprisionado e morreu – antes aplaudindo a Revolução de 1848, que tentava trazer de volta os mesmos ideais daquela outra, a de 1789 – por volta de 1854, numa Quarta-Feira de Cinzas, deixando exarado que desejava ser sepultado numa vala comum do cemitério Père-Lachaise, onde eram jogados os pobres e desvalidos.

A mão de aço da aristocracia religiosa, com o vigor dos instrumentos do Estado que se lhe submetia subserviente, desencadeou grave campanha contra os liberais e todos aqueles que não compactuavam com as suas diretrizes absolutistas e perversas.

Nesse báratro, o Prof. Rivail, na condição de emérito educador, examinava o dogmatismo e estudava a filosofia de Augusto Comte, desde que as religiões dominantes, Católica e Protestante, que conhecera – a primeira no lar e a segunda no instituto de Pestalozzi, em Yverdon, na Suíça –, eram incapazes de atender-lhe a sede de conhecimentos e a necessidade de uma fé racional.

Conduzido pelos mentores da Humanidade à investigação dos fenômenos mediúnicos um pouco mais tarde, que invadiam Paris e se apresentavam em diversos lugares simultaneamente, convenceu-se da legitimidade da Vida imortal e, usando os mesmos instrumentos dos negadores, golpeou de morte o materialismo com a demonstração insofismável da sobrevivência do Espírito à disjunção molecular do corpo físico.

Apresentando *O Livro dos Espíritos*, no ano de 1857, adotou o pseudônimo de Allan Kardec, em memória de sua reencarnação, fazia vinte séculos nas mesmas Gálias, e dedicando-se com fervor ao estudo da fé profunda através da pesquisa de laboratório incessante.

HEREGE
Diz-se de ou membro da Igreja Católica que, de modo pertinaz, nega ou põe em dúvida verdades dessa religião; herético.

REVOLUÇÃO DE 1848
Série de movimentos revolucionários ocorridos na Europa durante o ano de 1848; Primavera dos Povos.

EXARADO
Deixar por escrito; lavrar, registrar.

EMÉRITO
Muito versado numa ciência, arte ou profissão; insigne.

INSOFISMÁVEL
Que não se pode negar ou deturpar por meio de sofisma; incontestável, indiscutível.

Sob a superior inspiração, elaborou a Doutrina Espírita, retirada dos momentosos diálogos com os imortais, e apresentou os seus paradigmas filosóficos que resistiriam a todos os embates que viessem a surgir naquele presente assim como no futuro.

O século de Allan Kardec, o missionário de Jesus, foi o mesmo que trouxe o eminente Lázaro Ludovico Zamenhof, que se encarregou de criar a língua internacional esperanto, a fim de facilitar a comunicação entre as criaturas na imensa babel dos idiomas, e de igual maneira Christian Friedrich Samuel Hahnemann, o outro apóstolo da Homeopatia, que alargou os horizontes do entendimento da saúde humana, antecipando a visão holística atual dela, como um campo de energia, ao invés de somente a matéria.

Ao lado dos pais da Microbiologia, da anestesia, da hipnose, das cirurgias de grande porte, da Psiquiatria e dos seus diversos campos psicológicos, das ciências em geral, Allan Kardec ofereceu os instrumentos para ampliar o conhecimento dessas grandiosas doutrinas, confirmando a existência do Mundo espiritual, a anterioridade da vida do Espírito ao berço e a continuidade dela após o túmulo.

Nesse comenos, depois de propor os postulados científicos e as técnicas especiais para a confirmação dos conteúdos superiores do Espiritismo, Kardec deteve-se na ética moral do Evangelho, por ser a mais completa na História, apresentando *O Evangelho segundo o Espiritismo,* proporcionador das mudanças morais do indivíduo e da sociedade, conforme preconizadas e vividas por Jesus e os Seus primeiros apóstolos.

Somente através da renovação interior do ser humano torna-se possível a libertação dos terríveis conflitos que o jugulam às paixões primevas, donde se originam as enfermidades perturbadoras e as alienações degenerativas do comportamento.

COMENOS
Momento, ocasião, instante.

Há, desse modo, a possibilidade de adquirir-se a saúde integral, mas somente quando ocorre a perfeita identificação com as forças vivas do cosmo, através da sublime doação do amor em todas as suas facetas, por ser a energia vitalizadora que se encontra em toda parte como a mais elevada manifestação do Criador.

Fascinado com as incomparáveis conquistas logradas a cada dia no imenso campo das informações espirituais, aprofundou-se no estudo da psicologia humana através da sua paranormalidade e, em *O Livro dos Médiuns,* investigou a devastação provocada pela loucura, os distúrbios nervosos em geral, mediante o estudo severo das obsessões, esclarecendo o tema controvertido das psicopatologias e demonstrando que o enfermo é sempre o Espírito, e não o corpo, assim como, também, esclarecendo que cada qual é responsável por tudo quanto lhe sucede...

Utilizando-se da reencarnação, esclareceu os enigmas do pensamento que tanto preocuparam os filósofos de todos os tempos, especialmente os pré-socráticos como Anaxágoras, Anaxímenes e outros, tanto quanto Sócrates, Platão e Aristóteles, com as suas elevadas propostas morais, responsáveis pela felicidade dos indivíduos assim como das massas.

Foi a maneira eficiente de decifrar a velha *Esfinge* devoradora...

Compreendendo que o objetivo essencial da existência na Terra é a autoiluminação, Kardec entregou-se à vivência do amor preconizado pelo Mestre Galileu, propondo a caridade como a solução para todos os problemas que afetam a vida humana.

Como resultado, arrostou as consequências do seu apostolado nas agressões dos pigmeus espirituais e os esclareceu com elegância, jamais descendo ao nível dos inimigos gratui-

ARROSTAR
Olhar de frente, sem medo (alguém ou algo que ameaça, perigo); encarar, enfrentar.

tos, que lhe criaram os mais infelizes impedimentos, sem porém, desfalecer nem revidar o mal de que se utilizavam.

De conduta diamantina, tomou Jesus como o seu Guia e Modelo, seguindo-O com fidelidade e abnegação até o fim.

Lentamente o Espiritismo alcançou as mentes e libertou as consciências, cumprindo a promessa do Nazareno sobre *o Consolador*, trazendo-O descrucificado, para seguir em companhia dos infelizes, como o fizera antes, despido das arbitrárias indumentárias com que O vestiram através dos tempos, desfigurando-Lhe a grandeza.

Quando a tarefa encontrava-se concluída, não resistiu ao desgaste orgânico, resultado dos esforços incessantes, e retornou à Pátria, deixando o sublime legado de sabedoria e de ciência para a posteridade.

❖

Evocando aquele já distante dia 3 de outubro de 1804, em Lyon, França, quando renasceu na Terra, homenageamo-lo, emocionado, agradecendo-lhe o tesouro da fé viva e racional que um dia confortará a família humana e a unirá num imenso abraço fraternal.

Glória a Allan Kardec, o ínclito missionário de Jesus!

ÍNCLITO
Que se distingue por méritos e qualidades excepcionais; celebrado, egrégio, famoso, ilustre.

CAPÍTULO 14

LEGITIMIDADE DO ESPIRITISMO

Vianna de Carvalho

No momento quando o coro da Catedral de Notre-Dame de Paris entoa o hino especialmente composto para a solenidade de consagração de Napoleão Bonaparte como imperador dos franceses, pela mente do nobre general perpassam as evocações da sagração de Carlos Magno, no ano 800, pelo papa Leão III, tornando-o *imperador Augustus*.

Tal evocação tinha lugar porque se encontravam impressos no seu inconsciente profundo os atos litúrgicos de quando reencarnado como aquele que as listas nobiliárquicas alemãs denominam como Carlos I, do Sacro Império Romano Germânico, quando recebia do papa a coroa e o cetro da governança da maior parte do continente europeu, inaugurando o período Carlovíngio.

Nesse instante de glória, porém, o insigne corso repassava pela memória as batalhas vitoriosas de Lodi, de Austerlitz, da Prússia, de Rivoli, e outras nas quais não fora tão feliz...

Quebrando o protocolo, no momento da coroação, e procurando demonstrar ao papa Pio VII, seu convidado especial para a celebração, gerou de propósito uma situação

NOBILIÁRQUICO
Que se refere à nobiliarquia (tratado ou livro que contém as origens e tradições de famílias nobres).

CARLOVÍNGIO
(M.q.) Carolíngio; relativo à dinastia de Carlos Magno (742-814), rei dos francos e imperador do Ocidente; carlovíngio, carolino.

lamentável, autocoroando-se e a Josefina, que completaria, posteriormente, mandando encarcerá-lo em Fontainebleau...

Pesadas sombras pairavam então na psicosfera da França, decorrentes dos excessos da Revolução de 1789, dos *dias do terror*, das insurreições afogadas nos rios de sangue, das guerras sangrentas nas quais eram ceifadas milhares de vidas, dos ódios remanescentes da política odienta e simuladora, ameaçando as estruturas das Gálias antigas, ricas de tradições espirituais e de martírios cristãos dos primeiros séculos...

De igual maneira, berço glorioso da arte, do pensamento filosófico, do conhecimento enciclopédico, dos ideais libertários dos cidadãos e das consciências, que esplenderiam nesse *século* denominado como *das luzes*...

A coroação do eminente conquistador concretizava-se no dia 2 de dezembro de 1804, dando lugar a um grandioso império...

Dois meses antes, porém, na cidade de Lyon, a antiga Lugduno, fundada em 43 a.C., que se tornou capital das Gálias desde 27 a.C., o nobre Espírito Hippolyte Léon Denizard Rivail, antigo druida do período pré-cristão, no dia 3 de outubro, retornou portando a missão de iluminar a grande noite e trazer Jesus de volta às mentes e aos corações humanos empedernidos pelas paixões primitivas...

Os dois vultos ilustres, Júlio César e Allan Kardec, em roupagens carnais renovadas, seguiriam, no entanto, caminhos diferentes.

O primeiro pretendeu construir os estados da comunidade francesa por toda a Europa através das armas. O segundo, porém, ainda na infância, foi-se aprimorando no Castelo de Yverdon, na Suíça, sob a direção abnegada do iluminado mestre Pestalozzi, que retornara da noite medieval, quando fora pioneiro da educação, a fim de dar prosseguimento à sublime tarefa de libertador da ignorância.

Depois de haver conquistado grande parte do solo europeu, o grande guerreiro experimentava os insucessos na Batalha de Trafalgar, ante o almirante Nelson, e, por fim, do desastre em Waterloo, na Bélgica, sendo obrigado a renunciar e a partir para o exílio na ilha de Elba.

Denizard, por sua vez, segue as pegadas do Mestre abnegado e ilumina-se.

Ressurgem as tubas guerreiras, e Napoleão retorna a Paris, para a governança da França, durante *cem dias,* após os quais partiu para novo exílio, dessa vez definitivo, em Santa Helena, em 1815.

O gigante estava vencido e tombara em angústias inenarráveis.

Nesse período, o discípulo de Pestalozzi substituiu o mestre em Yverdon por breve período e agigantava-se.

No dia 5 de maio de 1821, desencarnou o quase invencível *corso*, quando o professor Rivail seguia a Paris conquistando os objetivos para os quais renascera, utilizando-se da educação.

Os dois destinos caracterizavam-se pelos tesouros morais de que se faziam portadores.

As lutas políticas prosseguiam no solo francês, e o professor pestaloziano inaugurou o seu educandário na capital da França.

Sabia ser necessário educar o povo, enriquecê-lo da luz do saber, preparando o futuro mediante a dignidade no presente.

Nesse ínterim, a filosofia de Augusto Comte ampliava os seus horizontes, cativando as inteligências abertas à cultura...

Simultaneamente, o mesmerismo, que avançou mediante as extraordinárias experiências do marquês Armand Marc de Puységur, tornou-se hipnotismo, atraindo os investigadores para as realidades além da matéria, entre os quais o estudioso mestre de Lyon...

TUBA
Entre os antigos romanos, espécie de trombeta de metal, de tubo comprido e estreito.

ÍNTERIM
Intervalo de tempo entre dois fatos ou entre dois momentos distintos.

MESMERISMO
Recurso ao magnetismo animal e ao hipnotismo como forma de tratamento e cura de doenças, segundo o método do médico alemão Mesmer (1734-1815).

As universidades alargavam os seus laboratórios de buscas do conhecimento, e o materialismo triunfava sobre as religiões dominantes.

O inesperado sucedeu: os mortos, que eram considerados como vidas aniquiladas, retornaram do Além-túmulo e as suas vozes trombeteavam a imortalidade.

Convidado a analisar os seus propósitos e informações, o professor Rivail percebeu a grandeza da ocorrência e dedicou-se a aprofundar os excelentes conteúdos, constatando que a vida triunfa sobre a morte...

Logo depois, para a felicidade humana, apresentou o Espiritismo, a mais extraordinária ciência de referência à vida.

Não se trata da obra de um homem ou de um grupo de acadêmicos, mas do investimento de seres indestrutíveis que se dedicam à reconstrução da sociedade.

Combatido ferozmente, qual sucede com todas as ideias novas, enfrentou o materialismo e a crueldade com os fatos grandiosos, a lógica, a razão e o amor em luz de caridade.

Não é doutrina de elaboração terrestre, porque as suas nascentes encontram-se no Mundo causal, de onde procede a vida, portanto, independendo das criaturas humanas.

De mais de mil grupos de estudos em diferentes cidades de diversos países, foram catalogadas as informações que se fizeram autênticas pela profundidade dos seus ensinamentos, que podem ser confirmados experimentalmente através da mediunidade.

Sobretudo, a sua ética-moral de significado transcendente é toda centrada no Evangelho de Jesus, que se desveste das exterioridades, das fantasias e adulterações, dos dogmas ultramontanos, para tornar-se diretriz de comportamento seguro para a felicidade do ser humano.

Jesus retornou, desse modo, ao proscênio terrestre descrucificado, na Sua condição de *Guia e Modelo* para a Humanidade, que d'Ele necessita.

Nenhuma força ideológica ou castração impeditiva podem constituir-lhe impedimento, porque, na condição de *doutrina dos Espíritos*, são eles os seus maiores divulgadores, apresentando-se em todo o planeta conforme as suas idiossincrasias, mantendo a grandeza universal do ensinamento: ninguém morre!

A criatura humana evolui mediante sucessivos renascimentos corporais e a meta é a sua perfeição relativa, que será alcançada por todos.

IDIOSSINCRASIA
Característica de comportamento própria de um grupo ou de uma pessoa; temperamento.

❖

A memória de Napoleão Bonaparte, o guerreiro, honra a França no seu imponente Panteão, em Paris, enquanto a de Allan Kardec, o pacificador e mestre iluminado, conduz a sociedade à plenitude em toda parte.

Hosanas ao insigne mestre de Lyon pelo transcurso do seu aniversário na Terra, no dia 3 de outubro de 1804!

HOSANA
(Por ext.) Saudação ou cântico de louvor e alegria.

CAPÍTULO 15

DESAFIOS À FÉ

Vianna de Carvalho

A SOCIEDADE HEDONISTA ATUAL, vinculada ao consumismo exorbitante, no qual parece encontrar segurança em relação aos conflitos existenciais, mantém atávica resistência a todas e quaisquer expressões de fé religiosa, buscando mecanismos de fuga da realidade como afirmação de liberdade de expressão e de autorrealização.

> **ATÁVICO**
> Herança de características (psicológicas, intelectuais e comportamentais) dos antepassados.

Nada obstante, avança em desabalada correria para as fugas psicológicas, tombando, não poucas vezes, no vazio existencial, na depressão ou no consumo do álcool, do tabaco, das drogas ilícitas, dos alucinógenos e dos desvios de comportamento sexual.

As castrações decorrentes das religiões ortodoxas do passado prosseguem afligindo-a de tal forma que a simples lembrança de qualquer expressão *doutrinária* indu-la ao pensamento das imposições asselvajadas dos regimes políticos ditatoriais, ou, quando se referem ao Espírito, ressuma inconsciente aversão, decorrente dos abusos da fé arbitrária dos tempos recuados.

Pensa-se unicamente em viver-se as comodidades defluentes da tecnologia e das ciências, sem dúvida, portadoras de valores inestimáveis, mas nem por isso únicas proporcionadoras de harmonia e de completude.

O ser humano renasce para a conquista da autoconsciência, para a superação dos arquétipos perturbadores que lhe permanecem no inconsciente impondo diretrizes de libertação que mais o afligem.

O prazer tornou-se o novo deus, substituindo os deuses de outrora, e os ases dos esportes, do cinema, da televisão, do poder, dos divertimentos, das fantasias tornam-se inspiração para as buscas atormentadoras, gerando mais conflitos que se tornam epidêmicos.

Eles próprios, os novos centuriões e gladiadores do *panem et circenses* da velha Roma, desfilam nos carros da alucinação e da glória de um dia, logo substituídos por outros mais audaciosos, inumeráveis deles, porém, portadores de graves transtornos psicológicos e psiquiátricos, que se opõem à ordem, à beleza, à estesia, celebrizando-se pelas alucinações e agressões que lhes retratam a violência e o desconforto interno.

Pergunta-se: – *Para onde segue a sociedade?*

Os padrões éticos destroçam-se nas aventuras chocantes e desastrosas em que malogram os novos programadores dos destinos, dando lugar a tragédias contínuas, à violência e à degradação dos costumes.

A juventude, sem a assistência da família, opta pelo aproveitamento do tempo para o desordenado jogo do prazer – especialmente quando os pais imaturos competem com os filhos nos seus campeonatos de insensatez –, entregando-se à exaustão dos vícios, perdendo a infância que cede lugar ao amadurecimento precoce, invariavelmente resultado da necessidade de competir desde muito cedo com os mais velhos, aproveitando-se das oportunidades que lhes chegam...

Os tormentos sexuais instalam-se-lhes prematuramente e as experiências dessa natureza sucedem-se, sem qualquer controle, atingindo níveis de elevada frustração e de desencanto.

PANEM ET CIRCENSES
Locução latina que significa "pão e jogos de circo".

Sem o amparo do lar, os jovens formam clãs primitivos, fogem para as ruas do desgoverno social, entregam-se, na sua ignorância, curiosidade e inexperiência, a toda sorte de sensações apressadas.

Certamente, existem exceções enobrecedoras, que mantêm o equilíbrio social e trabalham pelo progresso com elevados sentimentos morais.

Referimo-nos, porém, à devastadora cultura newtoniana e cartesiana estruturada no conceito da matéria, cuja máquina expressa na organização física dos seres de todas as espécies demanda o aniquilamento em razão do desconserto de suas peças.

Como efeito, somente apresenta validade o que pode ser apalpado, medido, programado, exatamente no momento quando as conquistas da tecnologia avançada oferecem à reflexão o *bóson de Higgs*, o mapeamento do DNA ou código da vida, a visão do Universo com os seus bilhões de galáxias, que induzem o pensamento a uma Causalidade não física ou a uma *assinatura de Deus* nas expressões mais extraordinárias da energia.

A alucinação pelo conforto, no entanto, sempre transitório e frustrante, em razão da sua fugacidade, que logo exige novas expressões mais fortes, deixa o indivíduo distante dessas referências que induzem ao aprofundamento da mente nas causas da vida e no seu significado, mantém-no iludido quanto ao sentido da sua existência planetária, que, não sendo interrompida pela morte, para ela se dirige...

Desse modo, quando as forças físicas e mentais, emocionais e estruturais do corpo diminuem com o advento das enfermidades inevitáveis e da velhice, a amargura, a revolta ou o desespero mais se insculpem no âmago do indivíduo, que não se conforma com o aniquilamento, nem a perda dos recursos propiciatórios dos gozos, agora mais difíceis...

DEMANDAR
Caminhar para.

DESCONSERTO
Ato ou efeito de desconsertar(-se); desalinho, desarrumação, desordem; avaria de alguma coisa; danificação, destruição, estrago.

FUGACIDADE
(Fig.) Característica ou propriedade de tudo aquilo que possui pequena duração, que é transitório, passageiro; transitoriedade, efemeridade.

> **PORTENTOSO**
> Extraordinário; singular.

> **CÔMPUTO**
> Cálculo, contagem; exame minucioso; apuração, averiguação.

Para todos os seres humanos, entretanto, existe o Espiritismo com as suas portentosas demonstrações *positivistas* em torno da sobrevivência do ser real, em torno do Mundo legítimo e causal, da programática existencial no cômputo das leis universais perfeitas, elaboradas pela *Inteligência Suprema e Causa Primeira de todas as coisas,* que é Deus.

Aos espíritas cabe a desafiadora tarefa de apresentar a fé raciocinada e lógica legada pela Codificação do Espiritismo, de maneira a enfrentar o materialismo nos seus significativos estertores, de maneira a atender a grande massa humana aturdida por haver perdido o rumo religioso na neblina da ignorância e do dogmatismo.

Observando-se o interesse dos astrofísicos em constatar a probabilidade de vida em outros planetas ou quaisquer outros astros do Universo, qual ocorre com as extraordinárias análises do solo de Marte ora estudado pelo jipe-robô *Curiosity,* deve o ser humano reflexionar em torno da vida de maneira mais grave, e não superficialmente, com indiferença, qual ocorre com a grande maioria.

Breve meditação em torno do ser existencial e logo se chega à conclusão do sentido da vida na Terra, do seu magnífico programa educacional e de desenvolvimento da *divina fagulha* de que se constitui, despertando-se para os valores éticos e os objetivos reais, proporcionadores da harmonia interior e do equilíbrio dos sentimentos com a razão.

A existência terrena é mais do que um licor ou fel para serem tragados pela imposição nefasta do acaso ou do destino injustificável.

Pode, sim, tornar-se uma e outra coisa, dependendo de como se considera a experiência fantástica do viver, dela fazendo *um vale de lágrimas* das ultrapassadas alegorias religiosas ou um *paraíso de benesses* das utopias passadistas...

Desse modo, esta filosofia científica, em razão dos seus fundamentos poderem ser demonstrados nos laboratórios das experiências mediúnicas, que é uma ciência filosófica, em face dos seus paradigmas elucidativos em torno do ser, do destino e do sofrimento, é também uma Religião de profundos conteúdos psicológicos e éticos centrados no amor, na autoconquista, na iluminação interior.

Investigá-la com seriedade e sem parcialismo é dever de todo ser inteligente que anela pela autoconsciência, a fim de viver com discernimento e harmonia.

CAPÍTULO 16

JESUS!

Vianna de Carvalho

O Império Romano alargara demasiadamente as suas conquistas, avançando, triunfalmente, na direção da África do Norte, ambicionando a fascinante *terra dos faraós*.

O Primeiro Triunvirato, composto por Júlio César, Pompeu e Marco Licínio Crasso, estabelecido no ano 59 a.C., em plena República, pretendia manter o controle absoluto sobre todo o mundo conhecido que se encontrava sob a dominação de Roma.

Para assegurar a aliança, Júlia Cesaris, irmã de Júlio César, casara-se com Pompeu, então, no seu quarto consórcio, resultando em muitos dramas e vindo a desencarnar de parto, o que debilitaria a união com o nobre triúnviro.

Pompeu não era muito bem aceito pelo Senado, que lhe negava ancestralidade de nobreza, enquanto Crasso era portador de expressiva fortuna.

As lutas políticas, porém, travadas internamente, e as brigas contínuas terminaram por enfraquecer a união e criar graves embaraços no relacionamento dos triúnviros.

Enquanto isso, Júlio César conquistou o Egito e submeteu ao talante de Roma o imenso reino.

ALARGAR
Estender-se, propagar-se.

TRIUNVIRATO
Governo de três pessoas ou triúnviros.

CONSÓRCIO
União matrimonial, casamento.

TRIÚNVIRO
Cada um dos magistrados da Roma antiga que formavam um triunvirato.

TALANTE
Decisão dependente apenas da vontade; alvedrio, arbítrio, desejo.

A sua governante, Cleópatra Thea Philopator, nascida no ano 69 a.C., disputara o trono com os seus irmãos, com um dos quais se casara, conforme a tradição egípcia, mas que mandara matar depois, assim como àqueles que lhe poderiam tomar a coroa.

Submetida, agora, a Roma, receando ser aprisionada e conduzida à capital da república, em condição infamante, teve a ideia original de mandar informar a César que o brindaria em sua galeria com um tapete raro. Astutamente, com a cooperação de um escravo, enrolou-se na peça valiosa que, ao ser aberta diante do conquistador, saiu, triunfante, arrebatando o atormentado César, que era casado, em Roma, com Calpúrnia.

Da convivência, tiveram um filho, que herdou o nome do genitor, acompanhou o conquistador a Roma e, quando, nos idos de março de 44 a.C., César foi apunhalado na escadaria do Senado, com o jovem descendente evadiu-se da cidade, retornando a Alexandria.

O fracasso do Primeiro Triunvirato, embora as conquistas de César, que se atribuiu o epíteto de *Divino*, foi devastador.

No ano 43 a.C., organizou-se o Segundo Triunvirato, gerado mediante a *Lei Titia*, com o objetivo de *organização do povo*, sendo constituído por Marco Antônio, Octávio – filho de César, que contava, então, 20 anos – e Lépido.

Octávio era grande guerreiro, assim como Marco Antônio, que voltou ao Egito, sendo seduzido pela soberana, com a qual teve gêmeos e mais um filho, esquecendo-se da governança do Império e vivendo fascinado com a luxúria e o prazer...

Enquanto isso, as conquistas de Octávio tornavam-no poderoso, e na batalha de Ácio contra Antônio, este último, considerando-se perdido, no ano 31 a.C., fugiu para Alexandria e suicidou-se vergonhosamente, sendo acompanhado pela soberana, com quem se teria casado...

INFAMANTE
Com desonra, difamação.

BRINDAR
Oferecer(-se); presentear.

EPÍTETO
Qualificação elogiosa dada a alguém; alcunha.

...Cleópatra, que chegara a ser aclamada como *a rainha dos reis*, tornou-se a última mulher a governar o Egito, encerrando-se os períodos dos Ptolomeus...

❖

Enquanto isso, numa relativamente pequena faixa de terra, quase uma extensão da Síria, governada pelo senador Públio Suplício Quirino, Israel estorcegava sob as garras impiedosas de Herodes, o Grande. Idumeu de origem, era detestado pelos judeus, aos quais odiava. Firmando-se na governança arbitrária, casara-se com a princesa idumeia Marianne, com a qual teve vários filhos.

Psicopata, antissocial, perverso, mandou matar os irmãos, receando que eles lhe tomassem o trono e, mais tarde, mandou assassinar a esposa, acusando-a injustamente de adultério, continuando os crimes, agora contra os filhos que tivera com ela, receando que, oportunamente, eles desejassem fazer justiça pelo odiento uxoricídio...

Subalterno totalmente a Roma, que o protegia, desencarnou em situação deplorável, apodrecido antes da morte, graças às enfermidades venéreas e outras que lhe consumiram o corpo abominável.

Antes, porém, conhecendo a indignidade dos filhos, dividiu Israel em tetrarquias, oferecendo-as, respectivamente: a Galileia e a Pereia a Antipatro ou Antipas, região em que viveria Jesus, a Gaulonítida e a Bataneia a Filipe, que perdeu a esposa Herodíades para o irmão Antipas, e, por fim, Jerusalém a Arquelau, de quem fez etnarca.

Foi, no entanto, um grande construtor: embelezou o Templo de Jerusalém, edificou uma cidade em homenagem ao imperador e helenizou, quanto possível, o reino de Israel.

Deixou um imenso tesouro para o imperador e sua mulher.

ESTORCEGAR
Torcer fortemente; estorcer.

IDUMEU
Relativo a Idumeia (região da Palestina) ou o que é seu natural ou habitante.

UXORICÍDIO
Assassínio de mulher cometido por quem era seu marido.

VENÉREO
Que afeta os órgãos genitais.

TETRARQUIA
Cada uma das quatro partes (províncias ou governos) em que se dividiam alguns estados.

ETNARCA
Governador de província do Oriente entre os antigos romanos.

Arquelau herdou o trono do pai e, na sucessão dos tempos, este passou para Pilatos...

❖

> **BÁRATRO**
> Abismo, voragem.

Foi nesse báratro político, social e econômico, no qual os vândalos assassinavam-se reciprocamente e todos disputavam o poder, quais abutres ante os cadáveres em decomposição, que nasceu Jesus.

Desdenhando a pompa e o poder terrenos, Ele optou por humilde berço em contato com as bênçãos da Natureza estrelada, entre animais domésticos, em meio à população simples e sofrida, a indicar o ministério para o qual viera...

> **INÍQUO**
> Contrário à equidade, ao que é justo.

Elegeu a Galileia, região pobre e rebelde, onde, periodicamente, a insatisfação defluente da miséria em crescimento em decorrência dos impostos absurdos e injustos a todos reduzia à ruína, dando margem a que líderes ansiosos pretendessem expulsar o romano explorador e aniquilar o rei iníquo.

> **PUSILÂNIME**
> Indivíduo fraco de ânimo, de energia, de firmeza, de decisão; indivíduo medroso, covarde, poltrão.

Divididos em facções que se destetavam, os filhos de Israel perdiam-se entre os fariseus hipócritas, preocupados apenas com a aparência dos trajes e a memorização dos textos ditos sagrados, formais, pusilânimes e gozadores, os saduceus igualmente ateus e desfrutadores, os zelotes fanáticos e homicidas, os inclementes cobradores de impostos, e o povo abandonado, em sua maioria transformado em escória e desprezo...

> **ATEU**
> Que ou aquele que não demonstra respeito, deferência ou reverência para com as crenças religiosas alheias; herege, ímpio.

Nesse caldo de cultura fermentado pelos ódios e ambições terrificantes, no qual a religião para os fariseus e o sacerdócio explorador e impenitente, Jesus proclamou a necessidade do respeito a Deus e o culto do Seu amor na simplicidade que reunia os infelizes nos braços da misericórdia, concedendo-lhes o retirado direito à vida.

> **ESCÓRIA**
> (Fig.) Indivíduo reles, desprezível.

> **TERRIFICANTE**
> Que aterroriza; terrífico.

Vivendo com as massas sofredoras, compreendendo o orgulho e o degredo dos filhos da Samaria, proclamou o amor como o libertador de consciências e o forte elã de ligação com Deus.

A Sua voz, dúlcida como um perene canto, proclamou os direitos humanos, antecipando a civilização ética inúmeros séculos, facultando esperança e alegria de viver.

Taumaturgo por excelência, ensinou a vida gloriosa, mudando as condições da miséria orgânica, moral e mental dos infelizes, oferecendo-lhes a visão antecipada do poder de Deus, de que Ele era investido.

Por onde passava, permaneciam as marcas inconfundíveis da compaixão e da misericórdia, alterando o *statu quo* de maneira irrefragável.

Com um pequeno grupo escreveu nas páginas vivas da História o estatuto da felicidade e imolou-se em nome do ideal a que se entregou.

Jamais houvera sucedido algo semelhante ao que Ele fazia e nunca se repetiria na Humanidade.

Dividiu os fatos históricos e promoveu o ser humano a um patamar não imaginado no Seu tempo.

A partir d'Ele, as leis tornaram-se mais benignas, a justiça tem procurado tirar a venda dos olhos e as tentativas em favor de um mundo melhor têm comandado vidas que se Lhe entregam em regime de totalidade.

Jesus!

Passam os séculos e o Seu brado de amor emoldurado pelo sacrifício da própria vida ainda sensibiliza a sociedade, vinte séculos depois, trabalhando em favor da plenitude das ovelhas que veio reunir em um só rebanho.

Até quando se demorará a instalação do Seu Reino?

Não importa o tempo que transcorra a espera, nem as circunstâncias deste como de outros momentos... O certo é que Jesus continua esperando e doando-se por todos nós.

ELÃ
Entusiasmo criador; inspiração, estro.

TAUMATURGO
Que ou quem opera milagres; milagreiro.

STATU QUO
Estado em que certa situação se encontrava anteriormente

IRREFRAGÁVEL
Que não se pode recusar, que não se pode contestar; irrefutável.

IMOLAR(-SE)
Sacrificar(-se) em benefício de; renunciar.

CAPÍTULO 17

O EVANGELHO SEGUNDO O ESPIRITISMO

Vianna de Carvalho

A Revolução Francesa, ao libertar o ser humano da escravidão política, quando passou a entoar o hino da liberdade, da igualdade e da fraternidade, desenhou e inscreveu com sacrifícios inomináveis os direitos do homem e os da mulher nos grandiosos códigos da Justiça.

No fragor das lutas intérminas, os objetivos dos filósofos e dos idealistas da primeira hora foram substituídos pela alucinação dos famigerados assassinos do período do *Terror*, que insculpiram no destino do país lamentáveis consequências que seriam sofridas em amarguras indescritíveis.

Nesse enlouquecer das paixões asselvajadas, as tubas napoleônicas estimularam seus exércitos a expandir os horizontes da *Flor de Lis* por outros países europeus, que passaram a submeter-se-lhe após as batalhas memoráveis.

Ao tornar-se imperador da França, no já referido 2 de dezembro de 1804, Napoleão Bonaparte governou o imenso território conquistado até o período das desditas de 1815, com a derrota na já citada batalha de Waterloo durante os dias 16 a 19 de junho, com a sua respectiva prisão e exílio vergonhosos.

FRAGOR
Ruído estrondoso; estampido, estrondo.

FAMIGERADO
(Pej.) Tristemente afamado.

TUBA
Entre os antigos romanos, espécie de trombeta de metal, de tubo comprido e estreito.

Houvera retornado a Paris por 100 dias, num verdadeiro golpe de Estado, para perder-se e, em Santa Helena, encerrar a jornada terrestre, quando desencarnou.

Os céus da França encontravam-se plúmbeos e a sua psicosfera permanecia carregada dos ódios seculares que se prolongavam desde a *Noite de São Bartolomeu,* nos trágicos 23 para 24 de agosto de 1572...

A religião dominante enceguecida pelo poder temporal manteve-se pela força da hediondez da criminalidade, restaurada pela mão de ferro de Carlos Luís Napoleão III, cognominado por Victor Hugo como *O Pequeno.*

Desde o século XVII, quando houve a ruptura entre a Ciência e a Religião, a negação da fé religiosa substituiu a crença tradicional e cega, passando a predominar nos arraiais intelectuais e nas academias o conhecimento, a experiência de laboratório, em vez da ingenuidade imposta aos simples e a todos que temiam o poder da Igreja.

Em pleno século XIX, nobres sacerdotes como Montalembert, Lamennais, Lacordaire e outros anelavam pela vivência do conceito *Deus e liberdade,* sendo alguns excomungados, outros depostos das vestes que ostentavam, e tornou-se insuportável o relacionamento entre as academias e as sacristias.

Nesse ínterim de conflitos religiosos e acadêmicos, em que a política de Estado, unida ao Clero, interferia no destino das criaturas no país, Allan Kardec e a equipe luminosa do *Espírito de Verdade* já se encontravam em ação, preparando o advento de *O Consolador,* que logo mais se instalaria na Terra, porque pairava glorioso na Erraticidade e aguardava o momento de manifestar-se.

Lançados *O Livro dos Espíritos,* em 1857, e *O Livro dos Médiuns,* em 1861, vitoriosamente, uma nova ciência e uma filosofia otimista – o Espiritismo – passaram a iluminar as consciências e predispor a cultura vigente para o momento em que seria publicado *O Evangelho segundo o Espiritismo,* libertado dos grilhões escravagistas dos teólogos insanos distantes do amor de Jesus.

Em abril de 1865, Allan Kardec, sob a inspiração do Excelso Mestre, trouxe a lume a Sua superior moral, ao publicar a obra que iria consolar e esclarecer a Humanidade com as dúlcidas lições de ética e de valores elevados, todas exaradas nos sublimes sentimentos do amor, da caridade, da misericórdia, da compaixão...

Ao dedicar-se exclusivamente ao estudo e significado dos ensinamentos morais das palavras do Senhor, por serem de todos os tempos, o *mestre de Lyon* teve o cuidado de arrancar o joio que penetrara no trigal e transformou as espigas abundantes em celeiros de luz, que atravessaram os decênios como farol inapagável e apontam o rumo do porto seguro da plenitude para todos.

A noite densa e dominante passou a salpicar-se de diamantes estelares, e nunca mais haverá escuridão.

As *vozes dos Céus* começaram a cantar as sinfonias incomparáveis enunciadas nos gloriosos dias em que Ele passeou pelas terras palestinas, quando encerrou o Seu ciclo de amor, não na cruz de vergonha, como se pensava, mas nas paisagens iridescentes da ressurreição triunfante.

Filósofos, missionários, cientistas, luminares da cultura, da arte, da abnegação, lídimos representantes do *Sermão da montanha* compuseram a partitura musical da Mensagem e Jesus retornou à Terra, conforme prometera.

A partir desse novo momento, toda dor passou a encontrar lenitivo, toda aflição tem recebido conforto e qualquer tipo de alucinação e ódio tem o direito de receber a diretriz de segurança para a vivência da saúde e da paz.

As vozes siderais, ao exaltar o triunfo da vida sobre a morte, glorificam Deus e o Sublime Guia, prepara o *Reino*

GRILHÃO
(Fig.) Elo invisível que aprisiona; laço, prisão.

EXARAR
Registrar por escrito.

DECÊNIO
Espaço de dez anos; década.

IRIDESCENTE
Cujas cores são as do arco-íris ou que reflete essas cores.

LÍDIMO
Reconhecido como legítimo, autêntico; considerado como correto; puro, genuíno, vernáculo.

LENITIVO
(Fig.) Que ou o que traz conforto, alívio; consolação.

dos Céus nos corações terrestres, ansiosos pela conquista da plenitude.

Instaurada a Era que prenuncia o *mundo de regeneração*, quando o sofrimento cederá lugar à alegria de viver e o desespero facultará o encantamento da irrestrita confiança na Vida, as criaturas passam a experimentar novos estímulos para o prosseguimento da jornada, embora ainda enfrentem os últimos vestígios de inquietação que irão desaparecer por definitivo.

Em face do novo e ditoso acontecimento, saudamos, emocionado, o Sesquicentenário da publicação de *O Evangelho segundo o Espiritismo,* de Allan Kardec, que permanece como um luzeiro na penedia ante o mar proceloso, e aponta o porto de segurança para todos os viajores da Terra.

Glória a Allan Kardec e à sua obra, nestes tumultuosos dias da sociedade, que proporcionam as vindouras alegrias do encontro com a harmonia espiritual!

DITOSO
Que tem boa dita; venturoso, feliz, afortunado.

LUZEIRO
Intensa claridade; clarão, brilho.

PENEDIA
Local com grandes pedras; calhau, fraga, rochedo.

PROCELOSO
Agitado por uma procela; tormentoso, tempestuoso.

CAPÍTULO 18

PREDOMINÂNCIA DO EGOÍSMO

Vianna de Carvalho

Um autor pessimista afirmou que *tudo quanto o ser humano utiliza, corrompe*, numa análise amargurada e conflitiva em torno de si mesmo e do seu próximo.

Nada obstante, a predominância do *ego* no indivíduo, ainda sem estrutura psicológica, leva-o a alterar quase tudo quanto tem oportunidade de experienciar, de adotar como norma de conduta.

Nos mais diferentes campos do conhecimento, a objeção está sempre presente. Passado o entusiasmo momentâneo da adesão, logo o cooperador transforma-se em competidor, procurando adaptar a seu modo o que passou a viver.

Este fenômeno psicológico é explicável, porque é muito mais fácil submeter tudo ao seu *modus vivendi* do que às exigências, paradigmas e regras do novo, do ideal ou conduta que lhe chegou ao conhecimento.

Desde priscas eras que as divergências de opinião têm desfigurado belas propostas filosóficas, artísticas, culturais, científicas e religiosas...

O Cristianismo não ficou indene às agressões de muitos daqueles que se lhe tornaram adeptos e, após algum tempo, encarregaram-se de apresentar a sua visão em torno do conteúdo

---

EGO
O ego é uma instância psíquica, produto das reencarnações, e que, em determinada fase do desenvolvimento humano, corrompe-se pelo excesso de si mesmo, perverte-se à medida que se considera o centro de tudo, aliena-se como se fosse autossuficiente.

OBJEÇÃO
Dificuldade que se apresenta em relação a uma proposta, a uma pretensão; obstáculo, óbice.

MODUS VIVENDI
Modo de viver, de conviver, de sobreviver.

PRISCO
Que pertence a tempos idos; antigo, velho.

INDENE
Que não sofreu perda, dano; livre de prejuízo.

doutrinário, propondo alterações, mudanças de interpretação e mesmo adulteração das palavras e dos ensinamentos de Jesus.

Tornaram-se célebres as disputas, especialmente entre as igrejas da África, da Ásia e de Roma, dando lugar ao surgimento das heresias e perseguições dos que discrepavam do então convenientemente aceito.

Logo após o retorno do Mestre através da ressurreição, surgiram as disputas e tentativas de conciliar os ensinamentos libertadores ao judaísmo dominante, a fim de conseguir-se maior número de adeptos e clima de boa convivência com o Sinédrio.

Enquanto Paulo proclamava a necessidade de levar-se a luz do conhecimento à ignorância, aos gentios, sem qualquer preconceito de raça, de etnia ou de situação socioeconômica, imitando Jesus, em Jerusalém alguns discípulos começaram a impor a necessidade da obediência aos preceitos estatuídos no Templo, tais como a circuncisão e outros procedimentos.

Paulo, em Antioquia, arrebatava os ouvintes e ampliava os horizontes do pensamento de Jesus, enquanto Pedro, João e Tiago em Jerusalém prosseguiam fiéis quanto possível às lições libertadoras. No entanto, desejavam submeter os novos adeptos à circuncisão, que resultou no inolvidável encontro do ano 49, que passou à história como sendo o 1º Concílio de Jerusalém, no qual a humildade de Pedro evitou uma fragmentação do movimento recém-nascido...

Posteriormente, com o crescimento inevitável e as adesões quase massivas de simpatizantes, surgiram pensadores de grande porte intelectual, assim como aventureiros e aproveitadores, que foram criando segmentos e seitas perigosas, com ameaça à unidade da Palavra, o que deu lugar às reações enérgicas dos que permaneciam fiéis às origens apostólicas que remontavam a Jesus.

Nasceram, então, entre muitos movimentos, os maniqueístas, os gnósticos, os carismáticos, os arianistas, os atanasianistas, os montanistas, os cismáticos, os marcionistas e muitos outros, abrindo espaço para as discussões intérminas, as declarações de heresias e os combates recíprocos distantes da legítima fraternidade que sempre deve viger nas hostes do Cristianismo.

Dentre os muitos litigantes, destacou-se Marción, que apresentou as suas reflexões profundas e fez incontáveis seguidores, sendo perseguido cruelmente até a morte...

Orígenes, Tertuliano, Jerônimo, Eusébio, Inácio de Antioquia e muitos outros missionários fiéis aos textos relevantes ergueram-se para combater a audácia dos que adotavam as condutas extravagantes e algumas outras absurdas.

Orígenes, por exemplo, que provinha de uma cultura clássica e de uma posição social de relevo, entregou-se de tal ordem à vivência dos postulados de Jesus, que se teria emasculado e renunciou a todos os prazeres, a fim de ser fiel à doutrina sublime.

Tornou-se escritor ímpar, e as suas cartas e discussões enriqueceram a *Patrística* de beleza, de reflexões e de diretrizes de segurança, posteriormente abominado no II Concílio de Constantinopla, convocado pelo imperador Justiniano em 552, em reação à doutrina da reencarnação na teologia da Igreja Católica. A atitude do imperador começara antes mediante o édito em 543 contra o origenismo...

...E através da história prosseguiram os dissídios, as contradições, as heresias e, contra heresias, as apostasias, as acusações de um lado e do outro, em lamentáveis injunções, todas contrárias ao espírito do Cristo e da Sua mensagem ímpar.

Os mártires deixaram as suas marcas, no período dos inclementes imperadores romanos, tanto quanto mais tarde nas garras ultrizes da Inquisição, quais Jan Huss, Jerônimo de

EMASCULAR
Fazer perder ou perder a virilidade; castrar(-se).

PATRÍSTICA
Filosofia cristã formulada pelos padres da Igreja nos primeiros cinco séculos de nossa era, buscando combater a descrença e o paganismo por meio de uma apologética da nova religião, calcando-se freq. em argumentos e conceitos procedentes da filosofia grega.

ÉDITO
Ordem de autoridade superior ou judicial que se divulga através de anúncios ditos editais, afixados em locais públicos ou publicados nos meios de comunicação de massa; edital.

ORIGENISMO
Entre os séculos II e III, doutrina religiosa de Orígenes que propõe uma conciliação do cristianismo com a escola neoplatônica de Alexandria.

APOSTASIA
Quebra de votos, abandono da vida religiosa ou sacerdotal, sem autorização superior.

INJUNÇÃO
Influência coercitiva; pressão; exigência, imposição.

ULTRIZ
Que se vinga, ruim.

Praga, apenas para citar dois daqueles incontáveis servidores fiéis ao Mestre.

Quando Martinho Lutero propôs-se a libertar a Bíblia do tacão eclesiástico, por ocasião do seu protesto contra a cobrança imoral das indulgências, estabeleceu normativas belas em favor da doutrina cristã, procurou eliminar a opulência e o luxo, as extravagâncias e as condutas indignas de alguns dos seus líderes, desde papas a servidores menos classificados. Parecia que o Evangelho voltaria a brilhar em toda a sua pulcritude primitiva.

Nada obstante, as muitas lutas que o revolucionário teve de enfrentar levaram-no a cometer arbitrariedades semelhantes àquelas contra as quais se levantara, e derrapou em condutas incompatíveis com a Mensagem.

Ademais, ao adentrar-se a doutrina renovada em Genebra, João Calvino discrepou de Lutero e surgiu a sua versão, mais tarde denominada calvinismo.

Prosseguiram as modificações apresentadas por Zwínglio em Zurique, nos inolvidáveis debates que terminaram por estabelecer o protestantismo na região...

...E, à medida que o tempo se deslocou, novas apresentações surgiram, modificaram o pensamento original de Lutero e de Jesus, sendo hoje contabilizadas quase duas mil denominações que se arrogam o privilégio de ser a verdadeira doutrina cristã!

Nesse tremendo paradoxo de exibições personalistas e disputas transitórias pelo poder terreno, há a promessa de Jesus, que conhecia as debilidades dos seres humanos e previu os acontecimentos que tiveram lugar, informando que enviaria o *Consolador,* a fim de que *dissesse coisas novas que então não poderiam ser suportadas, e repetisse as que foram ditas, e ficasse para sempre...*

TACÃO
(Fig.) Domínio tirânico ou influência dominadora.

PULCRITUDE
Qualidade do que é pulcro; beleza, formosura.

DISCREPAR
Estar em discordância; divergir, dissentir.

ARROGAR
Tomar como seu, atribuir a (alguém ou si próprio) direito a (um privilégio, poder etc.).

Surgiu, então, o Espiritismo, na sua extraordinária formulação pelos guias da Humanidade, que trouxe de volta o inolvidável Rabi e demonstrou, à luz das investigações científicas, os conteúdos incomparáveis da imortalidade do Espírito, da sua comunicação com os seres que ficaram na Terra, da reencarnação, da pluralidade dos mundos habitados...

Ao mesmo tempo, foi edificada a filosofia positiva e bela da conduta ilibada, do aprofundamento das reflexões na busca da autoiluminação, através da ação contínua da caridade haurida na vivência dos postulados evangélicos, em emocionante retorno ao *Sermão da Montanha* e às insuperáveis parábolas e ações por Ele narradas e vivenciadas.

A Codificação Kardequiana é um dos mais notáveis contributos intelecto-morais oferecido à Humanidade em todos os tempos, por abranger ciência, filosofia e religião em um conjunto harmônico e sem jaça.

Na sua condição de uma ciência, exige o estudo cuidadoso, a investigação grave, a permanente vigilância na averiguação da legitimidade dos fatos que se apresentam – *a universalidade do ensino* –, a fim de serem evitadas as contribuições pessoais, sejam de encarnados ou de desencarnados, somente portadoras de validade quando confrontadas com outras informações provindas de diferentes partes da Terra, que demonstrem pertencerem à mesma fonte de origem.

Possui os seus próprios métodos de investigação e tem resistido ao avanço da tecnologia e das formulações modernas das ciências que, a pouco e pouco, através de muitos dos seus investigadores, concluem pela legitimidade dos seus postulados.

Como filosofia otimista, impõe análise dos seus conteúdos, especialmente da lógica da reencarnação, da certeza da sobrevivência do ser ao fenômeno da disjunção celular, enseja a visão do prosseguimento da vida conforme a conduta que cada qual se permite.

ILIBADO
Não tocado; sem mancha; puro.

HAURIDO
Retirar (algo) de dentro de onde estava, pondo-o para fora; extrair, colher.

JAÇA
Imperfeição (mancha ou falha).

Não se expressa de maneira terrificante, mediante a usança dos velhos clichês do *Deus terror*, nem das condenações habituais que geram pavor e submissão às ideias absurdas. Tudo é claro e lógico, por isso resiste aos debates sofistas e negativistas, sempre ideal e não conformista.

ELUCIDAR
Esclarecer, explicar.

Elucida que o indivíduo é o autor do próprio destino que está a modificar a cada momento, mediante os pensamentos, as palavras e os atos. A sua fatalidade é a perfeição que se alcançará no processo de crescimento intelecto-moral na direção de Deus... Nada obstante, possui o livre-arbítrio para que o seu procedimento seja compatível com as suas possibilidades, enquanto acena com a esperança de melhores dias que se encontram à espera de todos quantos desejem integrar-se realmente na construção da plenitude.

O seu caráter religioso é assinalado por todos os fatores que constituem as demais religiões, tais como a crença em Deus, na imortalidade da alma, nas virtudes e exemplos dignificantes com exaltação do amor e da caridade. Não se detêm, porém, nesses postulados, indo mais além, pela possibilidade de demonstrar pela experiência que os seus conteúdos doutrinários são todos passíveis de confirmação mediante os fatos mediúnicos que são de todos os tempos.

O Espiritismo é uma doutrina de libertação da consciência e de direcionamento superior dos sentimentos humanos.

ANUIR
Consentir (com gestos ou palavras); estar de acordo; aprovar, assentir.

Jamais condena aquele que se equivoca, ante a possibilidade de que dispõe para reparar qualquer erro, por mais grave que seja, conquanto não anua com as condutas perturbadoras ou criminosas, delegando ao tempo a recuperação do criminoso e o desaparecimento do seu delito.

Quando hoje o Espiritismo encontra o seu lugar ao sol da cultura e da sociedade, surgem bolsões de desagrado em relação à austeridade dos seus ensinamentos e à grandiosidade de que se revestem, convidando à transformação moral e à seriedade com que deve ser considerado.

Não há lugar nos seus ensinamentos para as condutas reprocháveis, as fantasias e alucinações, nem as reuniões podem transformar-se em palcos para exibicionismo, assim como não deve a mediunidade converter-se em divertimento nos *tablados das feiras,* conforme acentuou Allan Kardec.

Os seus recintos não se podem adaptar às frivolidades de clubes de desportos, de diversões, e as suas lições impõem-se pela significação profunda de esclarecimento e de consolação fiéis à proposta exarada por Jesus.

Médiuns e indivíduos imprevidentes quão insensatos, não tendo a coragem nem o valor moral de se adaptarem aos ensinamentos, repetem os erros do passado, e acusam aquele que é fiel de ortodoxo, ultrapassado ante as conquistas da civilização, civilização, aliás, que não baniu o crime, nem a agressividade, a guerra nem a violência, a banalidade nem a usurpação, a incoerência de conduta de autoridades como do povo, das suas páginas ricas de grandezas e de misérias, como as pandemias, a fome, as lutas bélicas, os estupros, os assaltos e os destemperos da ignorância e da prepotência.

Outros mais, exaltados também, propõem um Espiritismo à moda de casa, *à la manière* de alguns médiuns em clamorosa perturbação, mas que compatibilizam os seus transtornos de conduta com as necessidades e aflições de outros indivíduos semelhantes, assim desejando que a doutrina de Jesus submeta-se-lhes ao talante doentio.

Surgem denominações esquisitas com falsa significação científica, que desnaturam a normalidade e a simplicidade da sua prática, quando não se insurgem violentos, dominados pela cólera e a utilização de críticas soezes quão demolidoras dos valores morais daqueles que lhes não seguem a desorientação.

REPROCHÁVEL
Que é digno de reproche, de censura, de admoestação.

DESPORTO
(M.q.) Esporte.

IMPREVIDENTE
Que ou quem não é previdente; descuidado, imprudente.

USURPAÇÃO
Crime de apoderamento ilícito de coisas, bens, títulos, estado, autoridade etc.

BÉLICO
Concernente à guerra ou ao belicismo; belicoso.

À LA MANIÈRE
(Francês) À maneira de, ao modo de.

TALANTE
Arbítrio, desejo, vontade.

SOEZ
Barato, sem nenhum valor; desprezível, reles, vulgar.

DENEGRIR
(Fig.) Diminuir a pureza, o valor de; conspurcar(-se), manchar(-se).

PORFIAR
Obstinar-se, insistir; lutar por (algo).

EGRÉGIO
Extremamente distinto; insigne, muito importante; digno de admiração; notável, magnífico.

PÁBULO
Aquilo que mantém, que sustenta; alimento, sustento.

Utilizam-se de nomes veneráveis de Espíritos para denegrir os trabalhadores sinceros e devotados, que os não respondem, porque sabem que as novidades passam e que a morte a todos recolhe no seu seio, indiscriminadamente, quando despertarão para a realidade após a existência que poderia ter sido utilizada de maneira criteriosa, sem as buscas tormentosas da projeção do *ego* complexado.

O Espiritismo, afirmou devotado servidor, é tão forte que resiste àqueles que lhe aderem com o objetivo de prejudicá-lo, tornando-se maus exemplos nas suas fileiras.

O egoísmo, esse inimigo soez e servil da presunção humana, responde pelos disparates a que nos referimos, devendo ser enfrentado com serenidade e vencido nos seus domínios mediante o reconhecimento de cada qual, da própria fraqueza e da necessidade do apoio celestial, trabalhando-se com pureza de coração e porfiando sem descanso no esforço da transformação moral para melhor.

Transcorridos 156 anos do seu surgimento, o Espiritismo é cada dia mais forte, atrai adeptos honestos, que consola, orienta e apazigua aos milhões, que antes pareciam haver perdido o endereço de Deus e de si mesmos.

Divulgar e viver a Codificação Kardequiana, conforme a recebemos do egrégio mestre de Lyon, é dever inadiável de todos aqueles que nela encontram o pábulo sublime e o esclarecimento fundamental para uma existência plena.

CAPÍTULO 19

EVOLUÇÃO DO CRISTIANISMO

Vianna de Carvalho

A HISTÓRIA DA EVOLUÇÃO DO CRISTIANISMO é a saga do processo redentor da criatura humana.

A Constantino, imperador do Oriente, deve-se o ato gentil da liberação da prática da doutrina de Jesus em todo o império, eliminando qualquer tipo de perseguição ou limite.

Não havendo ele próprio conseguido lograr a convicção profunda dos conteúdos do Evangelho, tornou-se responsável pelos desmandos que surgiram, pelas interpolações e interpretações errôneas, bem como pela adoção de alguns cultos pagãos introduzidos na mensagem singela e pulcra do Homem de Nazaré.

Adorador de Mitra, o Deus-Sol do Zoroastrismo, mas também com outras interpretações, contribuiu grandemente para a idolatria, permitiu que os adeptos do Cristianismo em formulação, acautelados pela fortuna e outros bens materiais, perseguissem os antigos politeístas, transformassem os seus templos em catedrais faustosas.

Demolindo as antigas construções, mandavam erguer sobre elas, com a indumentária arquitetônica nova, os santuários, nos quais os adeptos de Jesus deveriam reunir-se, com o olvido das pregações diante do altar sublime da Natureza, nas praias, nas estradas, nas montanhas de Israel...

ZOROATRISMO
Antiga religião persa fundada no sVII a.C. por Zoroastro (ou Zaratustra), caracterizada pelo dualismo ético, cósmico e teogônico que implica a luta primordial entre dois deuses, representantes do bem e do mal, presentes e atuantes em todos os elementos e esferas do universo, incluindo o âmbito da subjetividade e das relações humanas [O zoroastrismo influenciou em diversos aspectos doutrinários a tradição judaico-cristã.]

POLITEÍSMO
Sistema ou crença religiosa que admite mais de um deus.

INDUMENTÁRIA
(Fig.) Roupagem, aparição, aspecto.

OLVIDAR
Esquecer(-se).

> **VOTO DE MINERVA**
> Voto decisivo de desempate, geralmente concedido aos presidentes de órgãos jurídicos ou administrativos; voto de qualidade.

Logo contribuíram para que o imperador se transformasse no responsável pelo voto de Minerva, nos concílios, reuniões e discussões que se multiplicavam em abundância, em atendimento às paixões dos líderes denominados bispos, presunçosos uns, ignorantes outros, que se acusavam reciprocamente de heresias, em adulteração desrespeitosa aos ensinos de Jesus.

Constantino também se tornou responsável pela substituição dos mártires tornados santos nos altares de ouro e de mármore dos antigos templos, em lugar dos ídolos pagãos.

Sua genitora, Helena, em viagem à *Terra Santa,* tornou-se responsável pela identificação da cruz em que morreu o Mestre, dos lugares em que Ele e os seus apóstolos viveram, mandando erguer catedrais majestosas, iniciando o culto a relíquias às quais atribuía favores miraculosos e curativos, criando, pela rica imaginação, identificações, algumas das quais muito longe da legitimidade...

> **CANÔNICO**
> De acordo com os cânones, com as regras eclesiásticas, os dogmas da Igreja.

Ainda no século IV, o papa Dâmaso convidou São Jerônimo para selecionar os textos considerados verdadeiros, canônicos, em cujo mister o patrístico aplicou 25 anos na gruta de Belém, comparando-os cuidadosamente com outros conceitos bíblicos, o que resultou na elaboração da Vulgata Latina.

> **VULGATA**
> Tradução latina da Bíblia feita por são Jerônimo (340-420), que foi declarada a versão oficial da Igreja romana pelo Concílio de Trento.

A essa coletânea deu-se o nome de estudos canônicos, legítimos, reconhecidos como verdadeiros pela Igreja de então.

As demais anotações, mais tarde introduzidas por outros estudiosos em *O Novo Testamento,* os deuterocanônicos, vêm sendo avaliados através dos séculos, nos sucessivos concílios que trouxeram mais danos que esclarecimentos em torno da palavra do Senhor.

> **DEUTEROCANÔNICOS**
> Que só foi considerado canônico pelas Igrejas católica e ortodoxa após os outros livros do Antigo Testamento (diz-se dos livros de Tobias, Judite, Sabedoria, Eclesiástico, Baruque, Macabeus I e II, partes de Daniel e Ester).

Nesse mesmo século IV, disputavam-se as autoridades imperiais e eclesiásticas, enquanto o bispo de Roma, Dâmaso, permitia-se o luxo e a extravagância que o cargo lhe concedia, semelhando-se aos grandes generais e governantes das imensas metrópoles, muitíssimo distante do Rabi Galileu...

Roma exigia ser a capital cristã do mundo sob a justificativa de que os apóstolos descendentes diretos do Mestre, Pedro e, a seguir, Paulo, elegeram-na para o holocausto das próprias vidas, e as missas, que então eram celebradas, sofreram a introdução dos cultos do Oriente, transformando o hábito singelo de orar em complicadas fórmulas, ora em grego, depois em latim, que as massas não podiam entender.

Posteriormente surgiram os grandes dissídios, tais como os ortodoxos gregos, russos, que realizavam os seus cultos dentro das tradições dos respectivos países, os coptas e outros mais complicados...

COPTA
Relativo aos coptas; cristão pertencente à igreja ortodoxa egípcia.

Milão, que se tornara tão importante quanto Roma, tinha em Ambrósio o seu líder máximo, que, apaixonado, desviara-se completamente do culto ao Senhor para o das imagens, logo depois para a venda de tudo quanto representasse a herança dos abençoados mártires, dando prosseguimento às alucinações da genitora de Constantino, que se atribuía o privilégio de haver encontrado, como já referido, a cruz em que Jesus morrera, com as palavras que lhe foram colocadas ironicamente pelos romanos, em refinada zombaria ao Sinédrio.

Logo depois, a mesma Helena atreveu-se a transformar alguns dos seus cravos em objeto de extravagância na coroa do filho, atribuindo-lhe proteção divina, o que dava lugar a superstições e desmandos acompanhados de falsificações e injúrias.

INJÚRIA
Injustiça, aquilo que é injusto; tudo o que é contrário ao direito.

Cristãos, nessa época, passaram a matar pagãos, e quando Teodósio, mais tarde imperador de Roma, apresentou-se como cristão e desejou aplicar punições àqueles que cometeram hediondos crimes, Ambrósio exigiu-lhe retratação pública e humilhante para conceder-lhe o perdão.

A doutrina do amor e da compaixão, da misericórdia e da bondade estava crucificada!

Esse mesmo Ambrósio, que conseguira converter Agostinho de Hipona, em Milão, preocupava-se mais com detalhes e insignificâncias, considerando a virgindade feminina e masculina como fundamental, como a conduta pulcra e sublime para a entrega a Deus, não havendo qualquer preocupação com o tormento mental e emocional dos clérigos e sacerdotes, assim como das viúvas, das jovens e dos rapazes que se dedicavam ao Senhor, e, para bem consagrar o novo impositivo que se tornaria dogma da religião nascente, o uso das indumentárias brancas e reluzentes, que significavam pureza, mesmo que o mundo interior fosse o sepulcro onde o cadáver das ansiedades pessoais decompunha-se.

Jerônimo, por sua vez, deixou-se também arrebatar pela loucura do mesmo século e tornou-se terrível adversário da palavra de Jesus, ao adulterá-la, fazendo-o com intercalações nefastas, intromissões que não se justificavam e misturado conceitos pagãos com os cristãos para o logro da dominação imperial.

O avanço do poder temporal desaguou nas Cruzadas, gerando rudes e perversas memórias, com os desastres e mortes de centenas de milhares de vidas de ambos os lados, cristãos e muçulmanos, durante alguns séculos de horror, para a defesa da sepultura vazia que Ele deixara em Jerusalém...

Até o século XVI, o tormento medieval estabelecido pelos denominados Pais da Igreja (Patrística) corrompeu, desvitalizou e transformou a revolução sublime do Evangelho em cruz e fogueira, em morte e degradação, em poder temporal e mentira...

Novos tempos surgiram, porém, com Martinho Lutero e outros que não resistiram às injunções poderosas do culto pagão.

A Reforma abriu espaços no estreito cubículo mental no qual foi encarcerada a doutrina do Mestre, e ventos novos

INDUMENTÁRIA
Conjunto de vestimentas usadas em determinada época ou por determinado povo, classe social, profissão etc.

NEFASTO
Que pode trazer dano, prejuízo; desfavorável, nocivo, prejudicial.

LOGRO
Lucro, proveito.

sopraram para retirar o mofo acumulado e derrubar algumas muralhas segregacionistas...

Logo depois, no entanto, surgiram as divisões e as controvérsias entre os discípulos de Lutero, ante a sua própria defecção, e apareceram as mais variadas denominações, cada uma delas como a verdadeira.

Nesse ínterim, quando a esperança não mais brilhava nas almas aflitas, chegou à Humanidade *o Consolador*, e os imortais conclamaram os novos discípulos do Evangelho a voltarem às praias formosas de Genesaré, à Natureza encantadora, aos abençoados fenômenos da compaixão e da misericórdia em que Jesus permanece como a figura máxima de humildade e de sacrifício pessoal.

Investidas terríveis das hordas do mal novamente se dão amiúde para prejudicar a reabilitação da criatura humana e a renovação da sociedade como um todo.

Começaram a surgir os primeiros disparates, os desrespeitos e impositivos egotistas de alguns profitentes, que elaboram e apresentam necessidades falsas para adaptações do pensamento espírita às paixões em predomínio, e surgem correntes de dissídio, acusações recíprocas de lideranças, de médiuns, de instituições, iguais ao mesmo fenômeno do passado que se repete...

❖

Espíritas-cristãos, tende cuidado!

O mundo, o século, é sedutor, é fascinante. As suas falácias sutis e declaradas são perversas, enganosas.

Tende tento! Não sois diferentes daqueles homens e mulheres que, num momento se dedicavam a Jesus e logo depois corrompiam a Sua palavra.

SEGREGAÇÃO
Ato ou processo de isolar ou ser isolado de outros ou de um corpo principal ou grupo; discriminação.

DEFECÇÃO
Abandono voluntário e consciente de uma obrigação ou compromisso.

HORDA
Bando indisciplinado, malfazejo, que provoca desordem, brigas etc.

AMIÚDE
Repetidas vezes, com frequência.

PROFITENTE
Que professa; professor.

TENTO
Cuidado especial; atenção.

Assumistes o compromisso antes do berço de restaurardes a paz íntima perdida, as lições sublimes que vós mesmos deturpastes no passado, quando contribuístes em favor do naufrágio da fé pura e racional...

O Centro Espírita merece respeito, fidelidade ao compromisso nele estabelecido: iluminar consciências e consolar sentimentos.

> **LABORAR**
> Ocupar-se em (algum ofício); trabalhar, obrar; fazer, realizar.

Obreiros invisíveis laboram incessantemente em vosso benefício. Como vedes somente o exterior, não tendes a dimensão do que se passa nele além das vibrações materiais.

Considerai-o, oferecei a esse núcleo de oração, a essa oficina, que é um educandário, um templo, um hospital transcendental, o respeito e a dedicação indispensáveis que são exigidos para o fiel cumprimento das responsabilidades abraçadas.

A modesta estribaria onde Ele nasceu, a vergonhosa cruz em que Ele foi levado ao holocausto, ou a radiosa manhã da ressurreição devem permanecer vivas em vossa memória, a fim de serem preservadas a Sua vida e o Seu Amor pela Humanidade.

Sois as mãos, a voz, o sentimento d'Ele no mundo moderno.

Vivei por definitivo, conforme Ele o fez e ensinou a fazer, mantende cuidado com as ilusões tão rápidas como luminosas bolhas de sabão que explodem ao contato do ar ou de encontro a qualquer objeto perfurante.

O *Consolador* triunfará, porque é o próprio Jesus de volta ao mundo para iluminá-lo e conduzi-lo no rumo da sua próxima regeneração.

CAPÍTULO 20

RELACIONAMENTOS FRATERNAIS

Vianna de Carvalho

NO ATUAL MOMENTO HISTÓRICO DA HUMANIDADE, quando a inteligência atingiu patamares de elevação jamais sonhados e o progresso tecnológico ilumina o discernimento, proporciona facilidades incontáveis, também se apresentam os abnegados apóstolos do bem que se entregam ao martírio a favor da ordem e da plenitude, avolumam-se na psicosfera do planeta os miasmas da loucura e da luxúria, ameaçando a estabilidade das massas e o avanço do conhecimento...

Milênios de cultura, de ética e de civilização não conseguiram estabilizar as nações de forma que se possam ajudar umas às outras e libertar-se por definitivo do monstro da guerra e das suas sequelas, em forma de ódios acumulados como resultados famigerados da sua vigência.

O ser humano é um animal social que necessita do outro da mesma espécie para sustentar-se emocional e psiquicamente, com os efeitos imediatos na organização somática de que se reveste.

O seu desenvolvimento moral, no entanto, apesar das conquistas da razão e da liberação da consciência lúcida, não tem correspondido às expectativas do progresso conquistado. Em efeito, paira sobre a organização social terrestre uma des-

MARTÍRIO
Tormentos e/ou morte infligidos a alguém em consequência de sua adesão a uma causa, a uma fé religiosa.

MIASMA
Sensação de ansiedade opressora ou dificuldade de respirar; asfixia, sufocação, mal-estar.

FAMIGERADO
(Pej.) Tristemente afamado.

PAIRAR
Aflorar, passar ligeiramente, aparecer à superfície.

comunal espada de Dâmocles, que, suspensa por delicado fio que ameaça romper-se, em decorrência das mentes em desalinho poderá decepar milhões de existências incapazes de defender-se.

Os sinais de advertência da Vida não têm sido considerados, de modo a poderem produzir a harmonia entre os povos, porque o homem, o indivíduo em si mesmo, encontra-se gravemente enfermo.

Célula importante do organismo social, tem-se permitido a exclusiva vivência do individualismo perverso, do consumismo embriagador e do erotismo alucinado.

O egoísmo devora-lhe as *carnes da alma,* e a mídia, igualmente aturdida, manipulada, quase sempre, por almas atormentadas, somente o estimula ao prazer exorbitante, qual se o sentido da existência fosse a busca da consumpção pelo uso e abuso das funções orgânicas em total esforço, apesar da exaustão...

> CONSUMPÇÃO
> Ato ou efeito de gastar até a destruição; consumição.

Técnicas sofisticadas multiplicam-se numa azáfama intérmina em favor do culto ao corpo, sem nenhuma contribuição eficiente para a preservação do Espírito.

> AZÁFAMA
> Grande pressa e ardor na execução de um serviço.

Ginásticas complexas, programas de beleza variados, cirurgias e aplicações de substâncias inumeráveis são exibidas como de natureza miraculosa, qual se fosse possível deter o relógio biológico e o passar do tempo. Momento, porém, inevitável chega em que o envelhecimento, o desgaste funcional da máquina física se apresentam inexoráveis, e a mente acostumada somente à fantasia e à ilusão da aparência, desequilibra-se e não pode impedir o fenômeno da morte, que, aliás, ocorre em qualquer período da vilegiatura carnal.

> MIRACULOSO
> (M. q.) Milagroso.

O enfrentamento com a vida que prossegue é imperioso, e cessada a existência física, quando não se vivenciaram ações superiores, ocorre longo período de perturbação e dor no Mais-além...

Momentos de sublimação

A existência planetária tem como meta essencial a estruturação interior mediante o armazenamento dos valores morais, que proporcionam bem-estar e culminam na plenitude.

Nesse sentido, impõe-se o relacionamento fraternal que deve viger entre todos, como de fundamental importância para a formação da sociedade saudável.

Jesus, ao preparar o ministério da Terra, recorreu à contribuição de pequeno grupo, que se denominaria, mais tarde, como de Seus discípulos. Ao mesmo pertencia a tarefa de vivenciar o desinteresse pessoal em favor de todos, que seriam a sociedade miniaturizada.

Logo depois reuniu setenta e os mandou, dois a dois, alargarem os horizontes para a implantação da Sua mensagem nas mentes e nos corações.

...E ao retornar do túmulo, após conviver largamente com todos, reuniu quinhentos na Galileia para as despedidas e lhes delegou a missão de iluminar as consciências humanas milênios afora.

Tendo elegido o altar da Natureza para a implantação da Era de Amor, também abençoou os redutos domésticos e as Sinagogas para o trabalho dos relacionamentos fraternais sob as claridades sublimes da alegria de viver.

Na atualidade conturbada, a comunidade espírita está destinada a repetir-Lhe as grandiosas realizações, que se iniciam na autoiluminação e na direção de toda a sociedade terrestre.

Nada obstante, quando algum neófito das ímpares lições do Evangelho decodificado pela Doutrina Espírita, ao adentrar-se no seu espaço de vivências, acredita que ali encontrará seres angélicos nos corpos para recebê-los e ajudá-los.

Como é natural, encontram, porém, outros sofredores e desassisados, aflitos e confusos que também buscam o norte para as suas reais e imaginárias necessidades, quase sempre em

---

NEÓFITO
(P. ext.) Iniciante, aprendiz, novato, principiante.

DESASSISADO
Que ou quem não tem siso, juízo; desatinado, dessisudo, desvairado, doido.

> **CONSENTÂNEO**
> Apropriado, adequado, conveniente.
>
> **RESSUMAR**
> Manifestar(-se) de maneira evidente; revelar-se.
>
> **IMO**
> Muito profundo; interno, recôndito.

lutas interiores, sem haverem alcançado a harmonia que os possibilite viver de maneira consentânea com os postulados que estão tentando abraçar.

Desencantos e reproches ressumam do imo do novo aprendiz, dizendo-se decepcionado e sem ânimo para continuar.

Sucede que toda comunidade é constituída por bons e maus, por saudáveis e enfermos, necessitados de apoio e de entendimento.

Em razão de tal ocorrência, torna-se imprescindível que o relacionamento fraternal na instituição espírita seja legítimo, no qual se diluam os grupelhos elitistas e as vaidades de qualquer matiz sejam substituídas pelo polimento e ternura para com o seu próximo, e todos se unam, solidarizem-se com as aflições que existam, em movimento de ternura e de amizade.

Indispensável estar-se atento às problemáticas de todos, a fim de poderem auxiliar-se reciprocamente, mantendo a afeição pura em forma de treinamento moral com objetivos futuros em favor do imenso grupo social que é a Humanidade.

Todo individualismo está fadado ao aniquilamento porque somente a união positiva dos indivíduos poderá vencer as massas desarvoradas dos grupos que ainda se demoram em estágio primitivo, que ainda enxameiam na Terra.

Que os espíritas sinceros compreendam a urgência de manutenção do saudável relacionamento fraternal, a fim de auxiliarem os guias da Humanidade neste momento da grande transição para melhor.

CAPÍTULO 21

TERRORISMO

Vianna de Carvalho

A Hidra de Lerna, da mitologia grega, na sua insaciável sede de sangue, ressurge, na atualidade, multiplicando-se em forma do hediondo terrorismo.

Os fantasmas do medo, da revolta, das lutas sem quartel corporificam-se nas massas alucinadas, gritando por vingança, sem importar-se com o número de vidas que sejam estioladas e as formas cruentas a que sejam submetidas.

Os direitos do homem e da mulher, dolorosamente conseguidos ao longo da História, cedem lugar ao abuso do poder desenfreado, da loucura fanática de minorias infelizes, que acendem o estopim do barril de pólvora dos ódios malcontidos.

Entre as elevadas conquistas do desenvolvimento ético e moral da Terra, destaca-se a liberdade, representada nas organizações políticas pelos regimes democráticos, veladores pela honra de bem viver-se e deixar-se que os demais também o vivam. Dentre esses direitos inalienáveis, a liberdade de expressão alcançou nível superior para o comportamento humano.

Não há, portanto, limite sagrado ou profano, proibido ou permitido, dependendo, exclusivamente, do estágio intelecto-moral da sociedade e dos seus cidadãos, que optarão pelo ético, pelo saudável e pelo favorável ao desenvolvimento espiritual da Humanidade.

HEDIONDO
Que provoca reação de grande indignação moral; ignóbil, pavoroso, repulsivo.

ESTIOLAR
Enfraquecer-se, debilitar-se.

VELADOR
Que ou o que vela ou vigia; vigilante, sentinela.

INALIENÁVEL
Não alienável; que não pode ser vendido ou cedido.

SOFISTA
Na antiga Grécia (séc. V a.C. e IV a.C.), mestre da retórica que tomava a si a tarefa de ensinar conhecimentos gerais, gramática e a arte da eloquência para os cidadãos gregos postulantes à participação ativa na vida política, tendo freq. acrescentado questionamentos polêmicos aos debates filosóficos da época.

INDITOSO
Desafortunado, desditoso, infeliz.

CONTUMAZ
Que ou o que é obstinado, insistente.

BEM-AVENTURANÇA
Cada uma das sentenças de Jesus, num total de oito, no Sermão da Montanha, e que começam pela palavra bem-aventurado, conforme os Evangelhos de São Mateus (5: 3-12) e São Lucas (6: 20-26), e suas respectivas recompensas.

DESFRALDAR
Espalhar (notícia, palavras etc.); divulgar.

Sofista por excelência e ético na sua essência, Sócrates defendia a liberdade de expressão num período de intolerância e de sujeição, de arbitrariedades, que ele condenava, havendo pago com a nobre existência a elevada condição de exaltar a beleza e a verdade.

Jesus, na Sua ímpar condição, respeitou essa gloriosa conquista – a liberdade de expressão –, não se permitindo afetar pelos inditosos comportamentos dos Seus opositores contumazes... E fez-se vítima espontânea da crueldade e do primarismo daqueles que O temiam, e, por consequência, odiavam-nO.

Legou-nos, no entanto, no memorável discurso das bem-aventuranças, as diretrizes éticas para a conquista da existência feliz através da aquisição da paz.

Em momento algum limitou, excruciou ou lutou contra o amadurecimento espiritual do ser humano.

Sua doutrina, conforme previra, foi submetida ao talante dos poderes temporais e transformada em arma terrorista esmagadora, que dominou por longos séculos de medo e de horror as massas humanas.

Há pouco mais de duzentos anos, no entanto, a França e, logo depois, os Estados Unidos da América do Norte, desfraldaram a bandeira dos direitos à liberdade, à igualdade e à fraternidade. E houve, desde então, avanços incontestes no comportamento dos povos, diversas vezes afogados no sangue dos seus filhos em insurreições internas, em guerras internacionais, embora muitos interesses subalternos, para serem preservados esses soberanos direitos.

Os temperamentos primários, porém, ainda predominantes em expressivo número de Espíritos rebeldes, incapazes de compreender os valores humanos, têm imposto a sua terrível e covarde adaga em atos de terrorismo, tendo como pano de fundo as falsas e mórbidas confissões políticas e religiosas, que dizem abraçar, espalhando o caos, o terror, nos quais se comprazem.

A força das suas armas destrutivas jamais fixará os seus postulados hediondos, pois que sempre enfrentarão outros grupelhos mais nefastos e sanguinários que os vencerão. Após o triunfo de um bando de bárbaros por um tempo e ei-los desapeados da dominação por dissidentes não menos cruéis...

Tem sido assim na História em todos os tempos.

Os mongóis, por exemplo, conquistaram a Índia, embelezaram-na, realizaram esplendorosas construções como o Taj Mahal, pelo imperador Shah Jahan, a fortaleza dita inexpugnável, guardando a cidade e as minas de diamantes da Golconda, enquanto se matavam para manter-se ou para conquistar o trono – filhos que assassinaram os pais ou os encarceraram, ou os enviaram para o exílio, como era hábito em outras nações –, para depois sucumbirem sob o guante de outros voluptuosos dominadores mais hábeis e mais selvagens.

Criaram armas terríveis, como os foguetes com lâminas aguçadas e os imensos canhões, terminando vencidos, após algumas glórias, pelas tropas inglesas que invadiram o país, submetendo-o por mais de um século ao Reino Unido, desde o período de Vitória.

Mais tarde, a grandeza moral do Mahatma Gandhi, com a sua misericordiosa *não violência,* libertou-a, restituindo-a aos seus primitivos filhos. Nada obstante, após o seu assassinato, continuou e permanece até hoje vítima do terrorismo político e religioso desenfreado, sem a bênção da paz, a dileta filha do amor.

Somente quando o amor instalar-se no coração do ser humano é que o terrorismo perverso desaparecerá, e os cidadãos de todas as pátrias e de todas as confissões religiosas se permitirão a vera liberdade de pensamento, de palavra e de ação.

NEFASTO
Que pode trazer dano, prejuízo; desfavorável, nocivo, prejudicial.

DESAPEAR
Exonerar(-se), destituir(-se), desmontar (-se).

INEXPUGNÁVEL
Não expugnável; de que é impossível se apoderar pela força; inconquistável.

GUANTE
(Fig.) Autoridade despótica, implacável; mão de ferro.

VOLUPTUOSO
Que aprecia ou procura os prazeres dos sentidos, sobretudo sexuais, ou que a eles se entrega; lascivo, libidinoso, sensual.

DILETO
Que se estima com preferência; particularmente querido; muito amado; preferido.

VERA
(M.q.) Verdade.

Como efeito, esse sublime sentimento não usará da glória da liberdade para denigrir ou punir pelo ridículo, porque respeitará todos os direitos que a Vida concede àqueles que gera e mantém.

Para que esse momento seja atingido, faz-se urgente que todos, mulheres e homens de bem, religiosos ou não, mantenham-se em harmonia, respeitem-se mutuamente e contribuam uns para a plenitude dos outros.

Infelizmente, porém, na atualidade em que predominam o individualismo, o consumismo, o exibicionismo, espúrios descendentes do egoísmo, facções terroristas degeneradas disseminarão na Terra o crime e o pavor, até que os seus comandantes e todos eles sejam exilados para mundos inferiores compatíveis com o seu estágio de evolução.

Merece, neste grave momento, igualmente, recordar-se a frase de Jesus: – *Eu venci o mundo!*

Todos desejam, por ignorância, vencer no mundo.

Ele não foi um vitorioso no cenário enganoso do mundo, mas o triunfador sobre todas as suas ainda perversas injunções.

O terrorismo passará como todas as vitórias da mentira, das paixões inferiores e da violência, porque só o amor é portador de perenidade.

PERENIDADE
Que é eterno, perpétuo.

CAPÍTULO 22

SAUDAÇÃO A ALLAN KARDEC

Vianna de Carvalho

Ave, Allan Kardec!

Em a noite tenebrosa que medeia entre a revolução de 1789 e termina na guerra franco-prussiana de 1870-71, nasceste.

Enquanto as guerras napoleônicas derramavam o sangue das vítimas nos campos de batalha, a escolaridade de Pestalozzi preparava-te para os grandes voos.

Enquanto o imperador caía, transcendias na direção do infinito, amando a infância e a juventude, preparando-te para o grande labor educativo.

O Iluminismo e o Positivismo haviam semeado a descrença, o Materialismo atingira as almas mais grandiosas da Europa.

Atravessaste a doutrina de Voltaire e o pensamento do Positivismo, mantendo a soberania da tua razão.

O Mesmerismo havia sido expulso da França, o Marquês Jacques de Chastenet de Puységur, em seu castelo em Busency, continuava demonstrando a realidade dos fluidos entre as criaturas, os metais e os astros.

Du Potet e Custódio de Faria levaram adiante esse ramo da investigação, mas tu, obreiro da Verdade, penetraste

MEDIAR
Decorrer, dar-se entre (duas épocas, dois acontecimentos).

LABOR
Trabalho, tarefa árdua e demorada.

MESMERISMO
O uso do magnetismo animal e hipnotismo no tratamento e cura de doenças, segundo o método e prática do médico alemão Franz Anton Mesmer (1734-1815).

no báratro das informações vigentes e encontraste a imortalidade.

BÁRATRO
Abismo, voragem.

Das modernas *tables tournantes* até as grandiosas materializações espirituais, um fio condutor falava a respeito da vida e sua glória exuberante e, mantiveste a humildade dos heróis, a grandiosidade dos sábios e a perquirição dos investigadores para apresentares a Doutrina Espírita como a resposta de Deus às angústias da Humanidade.

PERQUIRIÇÃO
Efetuar investigação escrupulosa; inquirir de maneira minuciosa; esquadrinhar, indagar.

As vozes terrestres levantaram-se num hino de sinfônica dor, e as bênçãos divinas, como a resposta do amor, desceram aos ouvidos angustiados dos tresvariados.

TRESVARIADO
Que se tresvariou; alucinado, desvairado.

E conseguiste, Allan Kardec, instaurar, na Terra, a era do Espírito que triunfa!

Não foi fácil a jornada.

Os amigos estigmatizaram-te e perseguiram-te os adversários. Estiveste, mil vezes, entre dificuldades e desafios, mas não fracassaste. A tua fé inquebrantável na verdade pôde ser transferida para letras na *Revue Spirite*, as cinco obras fundamentais como as duas complementares, a respeito das Leis de Deus, que regem o Universo, da Lei de Amor, que se coroa em caridade.

Passaram-se, desde o inesquecível 3 de outubro de 1804, mais de duas centenas de anos, e a tua mensagem, a gloriosa dos imortais, ao invés de emurchecer-se no crepúsculo das ideias, tornou-se um amanhecer perene das ansiedades do pensamento.

DEALBAR
Apresentar-se claro; resplender.

Dealbam as edificações da Verdade, que agora são glorificadas pelas vozes cantantes que retornam da tumba antigamente silenciosa.

ADVERSO
Que traz desgraça; que provoca infortúnio; prejudicial.

Não mais a noite sombria nem mais a punição adversa.

ESCUSO
Escondido; oculto, recôndito.

Cristo reina, a Terra deixa de ser o *vale das lágrimas* e o cárcere escuso, para tornar-se academia gloriosa de vidas.

A tua memória torna-se cada vez mais onipresente, enquanto os teus ensinamentos são o bálsamo consolador para todas as aflições.

Ave, Allan Kardec!

No dia em que aqueles que te amamos evocamos o teu retorno ao planeta terrestre, desejamos saudar-te e homenagear-te com nosso hino de louvor, suplicando a Deus que nos abençoe, a ti na condição de guia e a nós de discípulos no rumo da Imortalidade.

ONIPRESENTE
Que está presente em todos os lugares, em todas as partes.

BÁLSAMO
Consolo, alívio.

CAPÍTULO 23

EXALTAÇÃO AO LIVRO DOS ESPÍRITOS

Vianna de Carvalho

Aqueles eram dias de ásperas lutas do pensamento filosófico.

Diluídos os ideais da Revolução Francesa de 1789 e após o naufrágio de Napoleão Bonaparte e o seu lamentável exílio na ilha de Santa Helena, desencarnando no dia 5 de maio de 1821, em Longwood House, os ideais humanistas e de dignidade entraram em decadência.

A cidadania que entusiasmou o povo por breve período com a perseguição sistemática e os inenarráveis *dias do terror* à nobreza e ao clero, aos *inimigos da Revolução*, apoiou-se no materialismo e nas correntes cínicas da negação espiritual para reduzir a vida e a Humanidade ao caos do princípio.

> **INENARRÁVEL**
> Que não pode ser narrado; difícil de ser explicado; indescritível.

Napoleão III fazia pouco traíra os compromissos firmados em favor das liberdades, da democracia e restaurou o poder monárquico, combatendo com vigor os formosos lidadores dos direitos humanos e do povo.

Trono e altar confundiram-se novamente nas tramas do ódio e da ambição, mantendo as graves situações do proletariado e das massas sofridas.

Fazia pouco, em Londres, no ano de 1848, Karl Marx e Friedrich Engels lançaram o seu livro *Manifesto do partido comunista*, calcado no materialismo, combatendo o poder arbitrário e as desigualdades sociais.

Enquanto o *Iluminismo* ou *Século das Luzes* dava lugar à Enciclopédia e Augusto Comte debatia nas suas aulas e escritos exuberantes, o *Positivismo*, parecia que surgira uma solução para os problemas da hora.

No entanto, não foi exatamente o que aconteceu, pois que, nesse campo minado e difícil, de mentes lúcidas e incomuns, mas dominadas muitas pelo pessimismo, apareceu *O Livro dos Espíritos,* na manhã ainda um pouco brumosa de 18 de abril de 1857, elaborado pelo pedagogo francês de pseudônimo Allan Kardec.

Trata-se de um amanhecer filosófico diferente, com a claridade do pensamento para enfrentar os desafios culturais e morais do momento perturbador.

Páginas iluminadas por informações de alto poder de lógica e razão, exatamente no período em que ambas eram discutidas e aceitas, revelavam a realidade da vida, confirmando a imortalidade da alma, o seu processo de evolução e renascimento na busca da plenitude.

Fruto excelente de apurados estudos das comunicações espirituais incontestáveis, alargava os horizontes da inteligência para superar as superstições e a ignorância que vigiam, dando a elas novas figurações e significados irrefutáveis.

De imediato, despertou a atenção de sábios e acadêmicos, de periodistas famosos e religiosos combatentes, do povo em geral cansado das falsas posturas e impositivos religiosos sem estrutura vigorosa para suportar os camartelos das constatações grandiosas de que se reveste o ser, o seu destino, a sua fatalidade desconhecida...

Escrito com sentimentos dignificantes de honestidade, o seu temário é rico de esperança, esclarecimento e consolação.

CAMARTELO
(Fig.) Qualquer instrumento ou objeto usado para quebrar, demolir, bater repetidamente.

Friedrich Nietzsche havia escrito que "toda ideia nova invariavelmente sofre três tipos de comportamento" quando apresentada à sociedade. A princípio é combatida com ferocidade, logo depois é levada ao ridículo e, por fim, se resistir aos sarcasmos e permanecer, é aceita.

Exatamente foi o que aconteceu com a grande maioria que teve a oportunidade de conhecer a obra monumental que permanece inabalável varando os tempos.

De início, foi negada com rigor, veementemente combatida e desrespeitados os seus conceitos científicos, filosóficos e ético-morais. Escreveram-se páginas arrebatadoras com paixões servis, pelo prazer de negar-se ou por conflitos pessoais e interesses subalternos. Logo depois, padeceu análise injusta e consequentes conceitos de que se tratavam de informações ingênuas, sem fundamentos, ridículas demais para que merecessem qualquer consideração.

A presunção da falsa cultura ergueu-se para condená-la como doutrina sem valor profundo nem estrutura filosófica moderna ou clássica. E a abominaram.

A segunda agressão foi desencadeada pela ortodoxia das religiões dominantes, que consideravam o Espiritismo como um conjunto de ações demoníacas, interferência diabólica, planos satânicos para perverter a Humanidade e afastá-la de Deus.

Porque baseados os seus postulados nos ensinamentos de Jesus, logo dispararam tratar-se de uma farsa para enganar os crédulos e serem consumidos nas labaredas infernais.

Por fim, experimentou a zombaria e o descaso, passando a fazer parte das doutrinas abjetas e renegadas.

Os menos cultos, inspirados pelo desprezo dos intelectuais que lhes impunham ideias extravagantes, tinham-no como frutos espúrios de superstições, magias ou animismo africanista transferido de velhas tradições da ignorância para encontrar cidadania cultural.

VEEMENTE
Em que se coloca ânimo, energia, vigor; enérgico, forte, vigoroso.

ABJETO
Que ou o que é desprezível, baixo, ignóbil.

ESPÚRIO
Não genuíno; suposto, ilegítimo.

Havendo resistido a todas essas investidas da má-fé, do preconceito, dos interesses do poder dominante, terminou por ganhar o posto honorável de obra digna, verdadeiro contributo "para levar qualquer alma ao Céu".

Homens e mulheres cultos, livres-pensadores interessados em encontrar a verdade leram-no e fascinaram-se com os seus incomparáveis textos, demonstrando ser a resposta aos grandes enigmas da Humanidade cansada de sofrimentos, libertando-os das cangas punitivas das religiões intolerantes, como do materialismo insensato, tornando-se motivo de acurados estudos.

Cento e sessenta anos transcorridos, permanece inalterável, principalmente nas suas revelações, que enfrentaram as mais colossais mudanças históricas do conhecimento cultural, tecnológico e científico, mantendo-se pulcro, sem que nenhuma das suas teses haja sido alterada ou ultrapassada ante as conquistas logradas.

A Física Quântica substituiu a linear de Newton, a Biologia tornou-se molecular, a Astronomia desvelou os espaços, o microscópio revelou a vida desconhecida de vírus, micróbios e partículas, a Medicina emocionou-se ante o milagre da vida, a Psicologia e suas doutrinas encontraram a alma e *O Livro dos Espíritos* permanece imbatível, revelador, obra máxima do século XIX, para conduzir a Humanidade pelos trilhos da Filosofia otimista, da Ciência investigadora e da ética-moral de consequências religiosas à glória estelar.

Saudamos, pois, nesta obra incomparável, o Amor de Deus materializando na Terra a promessa de Jesus a respeito de *O Consolador,* em toda a Sua grandeza, restaurando os extraordinários ensinamentos do inolvidável Mestre de Nazaré.

ACURADO
Feito com primor, rigor, capricho; esmerado, exato.

COLOSSAL
Grande como um colosso; gigantesco, descomunal, vastíssimo.

PULCRO
Que possui beleza; belo, formoso.

LOGRAR
Alcançar, conseguir.

CAPÍTULO 24

CONSTRUINDO O MUNDO DO AMANHÃ

Vianna de Carvalho

N<small>UMA RETROSPECTIVA RÁPIDA</small>, evocamos as grandes nações do passado, que antecederam ao tempo de Jesus na Terra.

Recordamos da Índia abençoada pelo Ganges e os missionários que lhe insculpiram o nome na História, graças à inspiração do Alto e às suas consequentes revelações espirituais. Rememoramos a saga dos brâmanes e dos párias, das suas opulências e misérias, lutas e dores, e verificamos que ainda hoje a grandiosa pátria dos contrastes prossegue buscando o progresso e a paz, sob o clamor das massas que lhe padecem as injunções amargas de vária espécie.

Repassamos pela mente a China multimilenária e o seu povo guiado pelo pensamento de Fo-Hi, Lao-Tsé e Confúcio, bem como das suas tradições e as glórias das dinastias que a engrandeceram ou se deixaram submeter aos povos vizinhos ambiciosos, escravizando-a várias vezes.

Evocamos a Assíria e a Babilônia, a Pérsia e os estados gregos que se celebrizaram pela beleza da filosofia, procurando

> **INJUNÇÃO**
> Ato de injungir, imposição.

interpretar os enigmas do Universo, dando lugar às suas lendas, às magníficas narrações sobre deuses e criaturas humanas, os inolvidáveis historiadores, tais Heródoto, Tucídides, Possidônio, os seus escritores ímpares como Homero, Polieno, Plotino, seus filósofos desde Anaxágoras, Sócrates, Platão, Aristóteles, escultores e artistas que atravessaram os milênios.

Destacamos Roma, desde o seu nascimento nos pântanos do Lácio, fosse no monte Palatino e no Quirinal, não podemos olvidar os seus conquistadores, quais Júlio César e quantos outros; os seus imperadores Augusto, Tibério, Nero, Calígula, temerários e cruéis uns, nobres como Adriano e outros, que deixaram as suas marcas e assinalaram com eloquência o período em que viveram. Mas também seus filósofos Cícero, Adriano de Tiro, Asclepíades, Boécio, a sua herança helenista e os artistas, sua incomparável glória, decadência e destruição mais de uma vez...

> ELOQUÊNCIA
> (Fig.) Com desenvoltura e expressividade.

Detemo-nos a reflexionar sobre Israel, o seu extraordinário conceito monoteísta, seus profetas, reis e escritores, a grandeza do Velho Testamento, os seus construtores e inspirados missionários que estabeleceram códigos de relevante significação, qual Moisés, Elias, e a nossa imaginação tenta relacionar a sua grandeza com as escravidões a que seu povo esteve submetido várias vezes...

Passa-nos pela mente a grandiosa Lídia, o seu rei poderoso, portador de fortuna incalculável, e a destruição de tudo na batalha em que Ciro a conquistou, reduzindo-a a escombros...

Impérios, aparentemente, indestrutíveis, foram devorados pelo tempo e por conquistadores temerosos, hoje reduzidos à penúria e aos destroços que atraem turistas desinteressados do seu passado destino.

Nesse báratro histórico e assinalado pelas calamidades, nasceu Jesus, o Rei singular, que mudou os conceitos vigentes, demonstrando a transitoriedade da existência física e a imortalidade do Espírito.

Com palavras jamais enunciadas, renovou o pensamento humano e demonstrou a grandeza do amor, fonte geradora e mantenedora de vida.

Mediante o Seu exemplo de simplicidade e ternura, de compaixão pelo próximo, lecionou a misericórdia e renovou a compreensão em torno dos deveres que a todos nos cabem durante a vilegiatura carnal.

A Sua mensagem, jamais ouvida igual, revolucionou os simples e oprimidos, os pobres e esquecidos, estimulando-os à vivência da solidariedade e do perdão, como normativas ditosas para alcançar-se a felicidade.

Utilizando-se de imagens muito modestas na forma e de conteúdo inigualável, compôs parábolas que sobreviveram a todas as fases do tempo, e mantêm a atualidade, transcorridos dois mil anos desde que enunciadas como cantos poéticos na paisagem dos corações.

Jamais houve quem O igualasse na dimensão do sacrifício e da beleza viva que apresentou em breve tempo e modificou os rumos da Humanidade.

Seguindo-O, surgiram os mártires da fé, em holocaustos jamais vistos, e, do pó que foram reduzidas as nações do passado, ergueu-se um mundo novo, anunciando libertação do sofrimento e plenitude existencial.

Nada obstante, em face das imperfeições predominantes em a natureza humana, as lições do Nazareno ímpar foram transformadas em leis de impiedade e subjugação, em poder desnaturado para teólogos e dominadores cruentos que semearam sombras densas através dos tempos...

Mulheres e homens notáveis, no entanto, desceram ao proscênio terrestre para reacender a chama do amor que foi apagada, a doçura da caridade e da humildade totalmente es-

VILEGIATURA
Temporada que se passa fora da zona de habitação habitual.

PROSCÊNIO
Teatro, cena, palco.

quecidas, impedindo o crescimento intelecto-moral das massas que lhes experimentaram a perversidade, padecendo perseguições inomináveis.

Não puderam, mesmo com todas as armas da astúcia e da perversidade, impedir o progresso, que é Lei da Vida, e a sociedade avançou pelas trilhas da Ciência, que abandonou os rumos da Religião, e deu início à era do pensamento e da experimentação, renovando o mundo e a Humanidade.

Permaneceram as guerras, as perseguições e as crueldades, porque o sentido moral da existência não logrou o mesmo desenvolvimento.

Filosofias existencialistas e comportamentos destrutivos tomaram conta das criaturas humanas, que buscavam fugir das circunstâncias afligentes, tombando nas garras do materialismo e do utilitarismo.

> MATERIALISMO
> Maneira de viver extremamente devotada aos bens, valores e prazeres materiais.

As doutrinas religiosas, apegadas a interesses sórdidos, havendo olvidado o ser humano em si mesmo, permitiram que a falta de rumo imortalista facultasse o surgimento do individualismo, do sexismo e do consumismo, a que se atirou, estorcegando nas lutas do autoaniquilamento, da loucura, da depressão, do suicídio...

> UTILITARISMO
> Atitude de quem regula a ação unicamente pelo interesse.

Indubitavelmente, as conquistas da Ciência e da Tecnologia muito vêm contribuindo para tornar o mundo melhor, libertar a Humanidade de pandemias terríveis, proporcionar saúde e longevidade, facultar comunicações com a rapidez antes inimaginável, compreensão de muitos enigmas que fascinaram os antepassados, dirimir dúvidas a respeito de muitas superstições, mas não conseguiram enxugar as lágrimas que nascem no coração.

> INDUBITÁVEL
> Que não pode ser objeto de dúvida; certo, incontestável, indiscutível.

> DIRIMIR
> Tornar nulo; suprimir, extinguir, desfazer.

Graças ao surgimento do Espiritismo, no *Século das Luzes*, foram restauradas as propostas de Jesus, abriram-se os painéis da imortalidade que oferecem dignidade à existência física, surgiram novos labores em favor do próximo, assim como da Natureza, e o mundo do amanhã está desenhado de forma segura, sem que ocorram a falência dos postulados da Verdade, geradores da paz interior em todos.

Os programas de construção desse mundo novo são os mesmos que se encontram estabelecidos no Evangelho de Jesus, e que, aplicados devidamente, operam a dissolução do mal que ainda reside no âmago das criaturas humanas e ensejam a perfeita união entre o pensamento do bem e a sua ação ampla, sem deperecimento.

Os seus fundamentos, estruturados na mais perfeita moral, facultam a fraternidade universal e convidam ao sentimento de amor, que deve ser a regra básica de todas as realizações.

DISSOLUÇÃO
(Fig.) Desorganização, deterioração.

CAPÍTULO 25

O LIVRO DA SABEDORIA

Vianna de Carvalho

EM TODAS AS ÉPOCAS DA HUMANIDADE celebrizaram-se as tradições provindas do Mundo espiritual, que posteriormente foram transformadas em fontes vivas de inspiração, qual ocorre com os livros famosos...

Desde os rolos de papiros às tabuinhas, aos tijolos de barro e pedaços de madeira, bem como às paredes de cavernas, gravaram-se os acontecimentos e as experiências vividas que se transformaram em páginas da fé religiosa, da ética, da guerra, da beleza, ao mesmo tempo portadores de sabedoria conforme o pensamento da época...

Fizeram-se verdadeiros guias para o aformoseamento e a história das culturas dos povos e nações, algumas das quais hoje desaparecidas ou que sobrevivem sob outras condições.

Na Índia, *o Vedanta* e outros narram as sagas heroicas dos deuses e dos homens que construíram o mundo e o país.

Na China, *Os Analectos* de Confúcio completam as obras de Lao-Tsé e Fo-Hi.

No Egito, *O Livro dos Mortos* é repositório de revelações a respeito da imortalidade e dos deveres que são impostos aos homens para a Vida espiritual.

Na Grécia, os diálogos de Platão e a *Odisseia* revelam princípios éticos dos mais significativos.

PAPIRO
Folha para escrever e/ou pintar, feita de tiras cortadas dessas hastes, umedecidas e batidas, e geralmente polida após a secagem.

TABUINHA
Pequena tábua de escassa espessura; ripa de madeira.

REPOSITÓRIO
Lugar onde se guarda, arquiva, coleciona alguma coisa.

Em Israel, o *Velho Testamento*, depois a inclusão do *Novo*, se apresentam como incomparáveis modelos de histórias e narrações lendárias.

Na Pérsia, o Zoroastrismo apresenta o *Zend-Avesta* como a primeira revelação do monoteísmo ético.

O Corão procura renovar o pensamento cristão através de Mohamed e sucedem-se, através dos tempos e especialmente na Idade Média, obras de incomparável beleza, que servem até hoje de condutores das criaturas humanas.

Santo Agostinho, anteriormente escreveu as suas *Confissões*, Dante Alighieri a sua *Divina Comédia*, também surgiram o *Imitação de Cristo*, os *Florilégios* de São Francisco, a *Minha Vida*, de Santa Tereza...

> FLORILÉGIO
> Coletânea de trechos literários; antologia.

Mesmo, na atualidade, apesar das técnicas em que se apresenta, permanece o livro como o amigo mantenedor da criatura humana nos mais diferentes acontecimentos existenciais.

Nas suas páginas, memórias inapagáveis da época em que foram narradas permanecem em aberto convite ao conhecimento e ao aprofundamento da cultura nos mais diferentes ramos do pensamento.

É o instrumento silencioso e discreto que fala, quando consultado, e cala-se, para aguardar outro momento.

Uma civilização feliz é aquela que se permite a educação dos hábitos e costumes, que traça uma trajetória de beleza e de progresso, que o livro nobre proporciona.

Sempre atual, a sua mensagem vibra e motiva todos aqueles que lhe recorrem ao auxílio.

O Espiritismo não poderia desconsiderar tão formidando instrumento para a divulgação dos postulados da imortalidade.

Desde o início das informações e esclarecimentos luminosos oferecidos pela fenomenologia mediúnica, culmina a sua contribuição científica, moral e intelectual com a publicação de *A Gênese*.

O codificador encontrava-se amadurecido pelas experiências e pesquisas, sentia a necessidade de abordar palpitantes temas da cultura terrestre.

A Teologia havia dominado as mentes baseada em formulações filosóficas de homens e mulheres notáveis, seja no Catolicismo ou no Protestantismo, e não conseguiu diminuir os conflitos existenciais e espirituais que dominavam a Humanidade. Multiplicavam-se desaires e correntes de pensamento díspar, quase todos firmados nas expressões do materialismo, tornando as dúvidas e os sofismas as armas culturais para aumentar a descrença que se assenhoreava das mentes humanas.

A lógica e a razão, no entanto, apresentavam-se nos laboratórios da investigação da mediunidade e a revelação clara, sem artifícios, ressumava de cada fato novo.

Nesse clima de afervorados debates surgiu *O Livro dos Espíritos* e logo o sucederam as demais obras da Codificação Espírita, com a sua força de bronze, eliminando as superstições vigentes, especialmente nas religiões, apoiando as conquistas da ciência ao tempo em que propõe a investigação para o multimilenar quesito da imortalidade do ser e das suas experiências multifárias mediante a reencarnação.

Os pseudocientistas de ocasião, sem experiência de laboratório nem exame dos novos acontecimentos, dão-lhe as costas e zombam, utilizando-se do velho comportamento do desprezo por falta de argumentação capaz de enfrentar a razão face a face.

Outros mais apaixonados apelam para caducas teses de demonização, o que ainda mais confirma a imortalidade, e pensam atacar os idealistas por ausência de conhecimentos para rebater as ideias superiores em torno da vida e da sua excelência.

PALPITANTE
(Fig.) Que desperta grande interesse.

DESAIRE
Ato vergonhoso, desdouro, vexame.

DÍSPAR
Que não é igual; desigual, diferente.

ASSENHOREAR
Tornar-se senhor; apossar-se, apoderar-se.

TABU
(Por ext.) Proibição imposta por costume social sem fundamento ou imotivado.

ELUCIDAR
Tornar(-se) claro; esclarecer(-se), explicar(-se).

ANELAR
(Por ext.) Desejar ardentemente; ansiar, almejar, aspirar.

HODIERNO
Atual, moderno, dos dias de hoje.

ILIBADO
Sem mancha; puro; que ficou livre de suspeita; reabilitado, justificado.

RELICÁRIO
Algo precioso, de grande valor.

MANANCIAL
(Fig.) O que é considerado princípio ou fonte abundante de algo.

ABEIRAR
(Por ext.) Chegar perto de, aproximar(-se), avizinhar-(se).

INEXAURÍVEL
Inesgotável; abundante; copioso.

Os velhos tabus dominantes são vencidos pelo bom senso de Allan Kardec e pelas elucidações espirituais dos mentores da Humanidade, a ética do Evangelho, sem dúvida, a mais honorável por dignificar o ser humano, é apresentada para a conduta alienada de todos os que sofrem, assim como daqueles que anelam por explicações libertadoras da ignorância, instalando-se o período espírita na cultura hodierna.

Outros complexos desafios, no entanto, permaneciam sob suspeita e descréditos, quando o mestre de Lyon publicou *A Gênese*, referindo-se aos milagres de Jesus, às origens do Universo, aos dias da Criação, às leis dos fluidos, assim como ao futuro do planeta.

Cuidado com carinho e examinado zelosamente pelo seu autor, revisto em alguns pontos necessitados de maior clareza e atualidade, após a publicação de 1868, antes da sua desencarnação, deixa ilibada a obra, que é verdadeiro relicário de conforto e de instruções perfeitamente compatíveis com as leis então conhecidas.

Cento e cinquenta anos após, ainda permanece como um manancial de bênçãos, orientando as multidões que se lhe abeiram e lhe penetram as inexauríveis nascentes.

Quando os sofrimentos de vária origem esmagam a sociedade contemporânea, essa obra de raro esplendor dá cumprimento à determinação de Jesus sobre o *Consolador*, e proporciona a certeza inabalável sobre a indestrutibilidade da Vida e da sua fatalidade na conquista da plenitude.

MENSAGENS DE JOANNA DE ÂNGELIS

CAPÍTULO 26

INTERFERÊNCIAS ESPIRITUAIS

Joanna de Ângelis

Sem dúvida, o intercâmbio entre os Espíritos é incontestável.

As criaturas humanas emitem pensamentos em ondas sucessivas que alcançam outras equivalentes em processos denominados telepáticos, cujos efeitos positivos ou negativos passam a instalar-se nos seus receptores.

Desencarnados, igualmente fixados em ideias que lhes são familiares, mantêm o mesmo intercâmbio que constitui a linguagem da comunicação nas regiões em que se encontram.

De maneira equivalente, emitem os encarnados ondas contínuas e idênticas àquelas que chegam da Erraticidade e impõem as paixões ou ideias de que se encontram carregadas pelas emoções dos seus geradores, produzem vibrações de ternura ou afeto, mas, frequentemente, pelo teor dos seus desejos, perturbações que se transformam em obsessões lamentáveis do plano físico para o espiritual.

Mais habitual, no entanto, a ocorrência inversa dá-se e produz os distúrbios que assolam o planeta.

Inegável a ação dos Espíritos em geral sobre os seres humanos. Todavia, em razão da inferioridade moral que vige na Humanidade, esses intercâmbios revestem-se de natureza perturbadora.

ERRATICIDADE
Estado dos Espíritos não encarnados, durante o intervalo de suas existências corpóreas.

ASSOLAR
Pôr em grande aflição; consternar, agoniar.

As obsessões são constantes nas paisagens terrestres. Mantendo os Espíritos as características da sua jornada, os sentimentos especialmente atrasados ajustam-se em conúbio psíquico com aqueles que se encontram ligados pelas ações nefastas das existências anteriores.

Vemos, em decorrência, doenças simulacros, lutas renhidas entre as pessoas, insucessos permanentes, desgraças e dores acerbas...

Mais comuns são os desforços pessoais, em tentativas inditosas de ajustamento moral e emocional mediante a justiça pelas próprias mãos.

Noutras ocasiões, rebeliões coletivas que partem das comunidades espirituais e invadem a sociedade dão lugar a embates que se transformam em guerras nefandas.

Verdadeiras quadrilhas de perversos se organizam para afligir os humanos, comprazendo-se em tornar-lhes as existências insuportáveis.

Na atualidade, quando ocorrem os fenômenos transformadores da mudança para estágio superior de elevação planetária, esses grupos associam-se para dificultar ou impedir a ventura coletiva. Atuam massivamente nos indivíduos e nos grupos, programando o império do mal, impossível, sem dúvida, de tornar-se realidade.

Acreditam se descender do mitológico anjo Lúcifer, que teria sido expulso dos Céus em face da sua rebeldia, dando origem ao infortúnio, como consequência, inimigo do Pai Misericordioso.

Todos aqueles que se dedicam ao bem são-lhes automaticamente vítimas contumazes porque considerados seus inimigos, por disseminarem a esperança, a alegria, o aprimoramento moral, avançando na direção da plenitude.

Trava-se, desse modo, odienta campanha soez de perseguição gratuita, injustificável.

CONÚBIO
(Fig.) Relação íntima; ligação, união.

NEFASTO
Que pode trazer dano, prejuízo; desfavorável, nocivo, prejudicial.

SIMULACRO
Falso aspecto, aparência enganosa.

RENHIDO
Disputado com ardor; debatido demoradamente; porfiado.

ACERBO
Que causa angústia, que é difícil de suportar; atroz, cruel, terrível.

COMPRAZER
Transigir espontaneamente, anuir voluntariamente.

CONTUMAZ
Que ou o que é obstinado, insistente.

SOEZ
Barato, sem nenhum valor; desprezível, reles, vulgar.

Perguntar-se-á: e o Amor, a Soberana Justiça de Deus, Sua compaixão, o socorro dos guias espirituais, como se comportam, em que contribuem em favor dos dedicados obreiros?

Sempre favorecendo o progresso, não faltam os auxílios superiores nesse cruel campo de batalha. Entretanto, o Espírito necessita de burilamento interior, de retirar a argamassa brutal que o envolve, a fim de permitir que brilhe a luz divina que nele se encontra em germe.

BURILAMENTO
Aperfeiçoamento da elaboração de algo.

GERME
(Fig.) Em estágio inicial, em desenvolvimento, latente.

Advertências espirituais e convites incessantes multiplicam-se, mas a opção pelo prazer do instinto impede que a razão aja com segurança e elabore arquivos abençoados de conteúdo espiritual.

A evolução moral é processo lento e doloroso.

A ostra reage ao grão de areia que a penetra e produz a reluzente pérola.

A combustão de altíssima elevação dá lugar ao brilho da estrela.

Assim, a dor transforma o ser brutal no anjo através do burilamento divino.

❖

Não te consideres desamparado quando visitado por qualquer perseguição espiritual.

Antes, conscientiza-te que se trata de instrumentação para o teu progresso.

A luz que te clareia de fora procede do Astro rei que consome matéria e a transforma em energia.

De igual maneira transforma a ganga grosseira que te envolve em moldura delicada para a gloriosa mensagem da vida espiritual.

Suporta a injunção com paciência, pois que é transitória para conquistares a plenitude.

GANGA
Parte não aproveitável de uma jazida, filão ou veeiro.

INJUNÇÃO
Influência coercitiva; pressão; exigência, imposição.

Sofres porque deves.

Resgata com alegria os males que praticaste com a ira e o ódio.

Estás no contexto de almas que trabalharão para a ascensão inevitável.

És filho da luz e avanças no rumo da divina luminosidade.

Ajuda a quem te busca, atendendo-lhe a sede, conduzi-o ao planalto da alegria.

Um pouco de tua renúncia pode salvar ou dignificar uma existência que se fina.

> FINAR
> Perder as forças; definhar-se, consumir-se.

Inimigos cruéis utilizam-te para que sejas indiferente ou mau.

Cultiva a bondade de todo matiz e esse gesto te facultará mérito para venceres aqueles que te perseguem e maldizem.

Ama em todas as circunstâncias e sê feliz ao sentires a resposta de tua ajuda em abnegação e beleza.

O amor sara todas as feridas e edifica todas construções da vida.

Tu és convidado para o Reino de Deus.

Segue em paz e ama sempre.

❖

Mediante o serviço de caridade em luz meridiana, conquistarás a vitória e transformarás os irmãos que se dizem a serviço de Lúcifer em anjos de paz num mundo melhor.

Pelo que sofreram antes, esqueceram-se das bênçãos que a vida reserva para todos aqueles que são fiéis ao dever.

Sê-lhes o instrumento da libertação.

CAPÍTULO 27

RECURSO DA ORAÇÃO

Joanna de Ângelis

TUDO SE ENCADEIA NO UNIVERSO contribuindo para a harmonia do conjunto.

Desde o verme que trabalha o solo arejando-o até a estrela que fulge no zimbório celeste há vínculos de perfeita identidade, convidando as mentes humanas à reflexão em torno dos seus conteúdos majestosos numa delicada tecelagem de ondas e vibrações de que tudo se constitui.

O ser humano, em razão da capacidade de pensar mediante o seu livre-arbítrio, nem sempre sabe preservar o equilíbrio pessoal assim como o da comunidade onde se movimenta, e desorganiza o que encontra.

Seus anseios de beleza e prazer em detrimento dos compromissos de desenvolver os tesouros que jazem internos aturdem-no e os instintos, acostumados à predominância durante o processo evolutivo, permanecem em contínua luta para as satisfações imediatas.

Em avanço pelos rumos da libertação dos automatismos primários, a razão em desenvolvimento opta pelas ancestrais comodidades a que se encontrava submetida e não discerne, a princípio, os objetivos fundamentais da existência, o que dá lugar aos conflitos e tormentos pessoais.

ENCANDEAR
Juntar(-se) ou ordenar(-se) em sequência.

FULGIR
Fazer brilhar ou brilhar; resplandecer.

ZIMBÓRIO
Cúpula, domo, o céu, a abóbada celeste.

O lento processo de evolução que proporciona as conquistas que lhe ampliam a capacidade de existir, faculta situações nem sempre favoráveis ao real bem-estar, mas a situações de conforto transitório...

Nascem os impositivos da aprendizagem, não raro, através das expiações justas, dolorosas, porém necessárias, ou por meio das provações de menor grau afligente que conduzem ao objetivo da paz.

Nesse mecanismo de desenvolvimento da inteligência e do sentimento moral, encontram-se à disposição dos valiosos instrumentos de orientação que conduzem à plenitude.

Entre os mais valiosos existe a oração proposta por Jesus como sendo o de maior significação pelos imediatos efeitos que opera no íntimo das criaturas.

Havendo-se distanciado naturalmente das vinculações com o divino e mergulhando no profano, o ser humano fica esfaimado de amor e de coragem para os enfrentamentos inevitáveis, sendo a oração a onda poderosa de identificação que fortalece e acalma, ilumina e conforta.

Orar e dispor-se a esvaziar-se de presunção e egoísmo para preencher-se de harmonia.

A oração, no entanto, exige requisitos indispensáveis para que seja alcançada a finalidade a que se destina. Não bastam as palavras, mesmo quando rebuscadas ou vestidas da magia poética de encantamento. O que é de fato fundamental diz respeito à onda do pensamento ativada pela emoção.

Cada indivíduo é uma estação transceptora de mensagens. Tanto as capta como as emite.

O seu direcionamento é que tem significado, isso porque ninguém vive sem pensar, e, assim sendo, faz-se necessário canalizar com eficiência a emissão da onda na direção da fonte receptora.

❖

ESFAIMADO
Que tem fome; faminto, esfomeado.

TRANSCEPTOR
Receptor de transmissões.

Quando te sentires em situação tormentosa e desesperadora, para o torvelinho mental e respira com suavidade, oxigenando o cérebro para libertar-te das toxinas que o envenenam.

A seguir, pensa na tua pequenez ante a grandeza da Vida e torna-te humilde, abre as comportas do sentimento para expor-te a Deus.

Faze uma análise das tuas realizações, inclui a tua rebeldia sistemática, dispõe-te a operar mudanças radicais no teu comportamento.

Nesse momento, desnuda-te e permite que as emoções vulgares cedam lugar àquelas da ternura e da compaixão, que são refrigério para o íntimo que arde em aflição.

Num interlóquio honesto faculta-te silêncio íntimo, a fim de poderes captar a resposta que anelas como uma ressonância que alcançará os refolhos da alma.

Escuta a suave musicalidade e deixa-te impregnar pelas vibrações dúlcidas que ensejarão identificação com o Divino Pensamento.

Inabitual emoção de paz banhar-te-á por dentro, produzirá alteração do ritmo orgânico, que irá recuperar a emoção em transtorno e abrirá brechas mentais para as ideias superiores e portadoras de paz.

Não há desafio que a oração não atenda com eficiência.

Habituando-te à vivência oracional, alterar-se-ão os centros de captação espiritual e te envolverás em equilíbrio.

Talvez a tua rogativa ou necessidade de momento não seja atendida conforme gostarias, provavelmente será para melhor para ti. O que agora anseias poderá ser razão de sofrimento mais tarde, e, por essa razão, não conseguirás o que queres, mas receberás superior dádiva que bendirás mais tarde.

Não esperes *milagres* momentâneos como respostas mágicas às tuas rogativas. São muito limitadas ainda as per-

---

TORVELINHO
Movimento de rotação rápido e em espiral; redemoinho, remoinho, torvelim.

INTERLÓQUIO
Uma conversa entre duas pessoas ou consigo mesmo.

REFOLHO
(Fig.) Parte mais profunda, mais secreta da alma.

> JUNGIR
> Unir, ligar.

cepções sobre a felicidade pelo ser humano jungido ao carro orgânico e aturdido pelas sensações.

Os arquitetos do teu destino, que conhecem profundamente o de que necessitas, atenderão conforme seja mais produtivo para ti.

O importante é que a tua rogativa não passará sem resposta confortadora, sem o néctar do bem-estar de que tens urgência.

A oração é terapia de amor entre o Espírito em aflição e a bondade celeste em ação.

Quanto possível, realiza higiene mental, mediante a utilização dos recursos terapêuticos da prece.

Muita falta faz ao ser humano o tesouro da oração pacificadora e alimentícia.

> ALIMENTÍCIO
> [Mtf.] Que alimenta, que nutre.

❖

Jesus deu-nos o exemplo do valor e do significado da oração.

Vivendo em permanente comunhão com Deus, não poucas vezes, ante o tumulto das multidões sofridas ou diante do iminente sacrifício da cruz, buscou a oração para o seu enfrentamento com amor e perdão.

> IMINENTE
> Que está a ponto de acontecer; próximo, imediato.

Ora e vive como se todos os teus atos fossem passos seguros da santificada oração.

CAPÍTULO 28

EXISTÊNCIA FORMOSA

Joanna de Ângelis

No grupamento social muitos indivíduos lamentam os problemas e as dificuldades para conseguirem relacionamentos felizes.

Comentários ácidos e perversos fazem-se presentes em quase todos encontros entre aqueles que constituem os grupos de amigos.

A censura grassa impiedosa e a maledicência arruína muitas existências, diz-se que, sem qualquer maldade.

O pernicioso hábito de agredir-se o ausente apenas de maneira rara é substituído pela tolerância ou compaixão para minimizar a amargura e a frustração que alcançam índices expressivos e doentios.

As imperfeições do outro têm preferência nas conversações e mesmo quando são referidas algumas ações dignificantes, acrescenta-se um *mas* que dá ensejo ao reproche severo.

Quase todos se referem às feridas morais e comportamentais do próximo, olvidados que a putrefação quanto mais visitada, mais pestífera se converte.

Ao invés de revolver-se o charco de outras vidas, melhor será sempre abrir-se valas de bondade para o escoamento do lodaçal.

GRASSAR
Multiplicar-se por reprodução; propagar-se, espalhar-se.

PERNICIOSO
Que é nocivo, perigoso, prejudicial ou ruinoso.

REPROCHAR
Ação de censurar; exprobração, repreensão.

OLVIDAR
(M.q.) Esquecer-se.

PESTÍFERO
Que causa dano, que corrompe; nocivo, pernicioso.

CHARCO
Água parada, rasa, suja e lodacenta que se espalha no chão.

Sem dúvida é lamentável a ocorrência da leviandade e do despautério na conduta das pessoas que, abençoadas pelo conhecimento tecnológico e a avançada percepção da razão, deveriam conduzir-se de maneira consentânea com o saber. Todavia, muitos que se encontram no processo iluminativo vêm lutando contra a herança das más inclinações, a sombra perturbadora. Não conseguem, porém, quanto gostariam, agir corretamente, de maneira saudável.

Resvalam constantemente na direção dos hábitos doentios até mesmo quando firmam o passo na conduta ideal.

Assim sucede, no entanto, após a reincidência naquilo de que se desejam libertar.

Todos seres humanos defrontam as mesmas conjunturas emocionais e problemas de conduta. Aqueles que hoje se encontram no planalto das realizações oportunamente atravessaram as valas imundas das paixões e investiram esforço para superar as circunstâncias negativas.

É quase geral a opinião de que o mundo está pior e a situação da Humanidade é lastimável.

De certo modo, os investimentos para o progresso têm sido inumeráveis e espalham-se por toda parte.

O hábito enfermo da existência, porém, adapta ao seu modo de conduzir-se as conquistas valiosas que se transformam em prejuízos contínuos.

Jamais houve tantos interessados no bem comum, que lutam com acendrado amor em benefício da coletividade. Alguns se notabilizam, enquanto outros permanecem em respeitável anonimato, entregues aos ideais do progresso e da fraternidade.

Multiplicam-se, fazem o bem e o amor proliferar-se, erguem muralhas impeditivas ao crime e à dissolução moral sem que sejam conhecidos.

DESPAUTÉRIO
Dito ou ação absurda, grande tolice; despropósito, disparate, desconchavo.

CONSENTÂNEO
Apropriado, adequado, conveniente.

RESVALAR
Incidir em erro; deslizar.

DEFRONTAR
Pôr(-se) frente a frente com; confrontar(-se).

ACENDRADO
(Por ext.) Purificado; depurado, aperfeiçoado, acrisolado, apurado.

ANONIMATO
Condição do que é anônimo, desconhecido; que ou o que não tem nome ou renome.

DISSOLUÇÃO
(Fig.) Desorganização, deterioração.

Momentos de sublimação

São heróis espirituais, missionários da luz na treva devastadora.

Ridicularizados, às vezes, menosprezados, noutras ocasiões, mesmo perseguidos pela insensatez, prosseguem com abnegação na faina abraçada e ganham espaço no mundo.

Não lhes importam aplausos ou celebrações de homenagens. Têm a convicção do que fazem e entregam-se ao mister infatigavelmente.

O mal dos maus não os afeta, porque estão a serviço da consciência elevada.

Faze o mesmo.

FAINA
(Fig.) Qualquer trabalho árduo que se estende por muito tempo.

MISTER
Trabalho; ofício.

❖

Torna a tua existência na Terra um hino de louvor, uma experiência formosa.

Transforma a cultura nefasta em caminho renovador, modifica-te para melhor.

Não amaldiçoes o erro, o crime, nem qualquer situação quando deplorável, a fim de que não a vitalizes com o teu pensamento, os teus comentários, a tua atenção. O mal não merece consideração.

O lírio medra no lodo e a compaixão desce aos pântanos das existências fracassadas.

Compreende que te encontras neste momento difícil e enfrentas situações desafiadoras porque necessitas.

Toda ocorrência desditosa oferece campo para reflexão e aprendizado, contribuindo para novas experiências que deverão ser exitosas.

Nunca desanimes porque não lograste o resultado desejado na primeira tentativa.

De igual maneira ocorre com os demais, merecendo novas oportunidades para conseguirem a vitória.

NEFASTO
Que pode trazer dano, prejuízo; desfavorável, nocivo, prejudicial.

MEDRAR
Ato ou efeito de medrar; crescimento, desenvolvimento, medrança.

DESDITOSO
Que ou o que foi vítima de desdita; desventurado, infeliz.

LOGRAR
Conseguir, alcançar.

Utiliza-te da mente clara e das realizações felizes para distenderes a mão protetora na direção da retaguarda e ajudar alguém combalido ou tombado.

> **COMBALIDO**
> Enfraquecido, deprimido, desanimado, sem forças morais.

Seja a tua a voz que opera o milagre da alegria e o teu o comportamento solidário, que a Humanidade necessita.

Ninguém permanece na retaguarda por querer, e quanto isso ocorre, há no íntimo do atrasado algum distúrbio que desconhece e, talvez, ele também.

Desse modo, não aumentes o volume de desolação atirando-lhe o lixo do pessimismo e da agressão.

Confia que o processo da derrocada se irá modificar sob a tua cooperação.

> **DERROCADA**
> Mudança brutal que leva a um estado de colapso, de ruína; queda acompanhada de decadência, degradação.

Renasceste para tornar o mundo mais feliz com a tua dedicação à Verdade.

Mantém-te dócil, quando a agressividade dominar, e permanece gentil quando o individualismo propuser indiferença e revolta.

Faze-te receptivo à mensagem de Jesus e vive-a com alegria, invitando todos que se te acerquem a conhecerem-na e a praticarem-na.

> **INVITAR**
> Convidar; requisitar a presença, o comparecimento.

A luz do amor deve brilhar nos teus atos, seja qual for a ocasião em que te vejas situado e não saibas o que fazer.

Ajuda sempre a ti mesmo com silêncio, evita acusação ou deboche, porque todos que se encontram no mundo vivenciam bons e maus momentos, são convidados à dor e ao júbilo, a fim de que possam valorizar a oportunidade.

> **JÚBILO**
> Alegria extrema, grande contentamento; jubilação, regozijo.

Quando não saibas o que fazer nas situações perversas e ingratas, silencia e ora, buscando na Divina Fonte da sabedoria a inspiração para agires com acerto.

A ninguém julgues mal, porque a tua observação é sempre parcial e a capacidade de análise ainda é uma projeção dos teus próprios conflitos.

❖

Amanhece dia novo.

Saúda o sol da esperança com a gloriosa mensagem dos pensamentos edificantes, expressando-os em palavras harmoniosas, a fim de concluíres com ações abençoadas.

SAUDAR
Alegrar-se à vista de; louvar; cumprimentar.

CAPÍTULO 29

CALÚNIAS

Joanna de Ângelis

Em todos os tempos do desenvolvimento ético e moral do ser humano, esse processo fez-se acompanhar de bênçãos promotoras de iluminação, assim como de desaires afligentes que também fazem parte da evolução.

Não poucos acontecimentos históricos de alta relevância se derivaram de calúnias bem urdidas que passaram como fatos verídicos que geraram tragédias.

A calúnia é arma de Espíritos mesquinhos que a utilizam como recurso para abater aqueles que lhes inspiram inveja, amargura pela própria pequenez.

O caluniador é enfermo espiritual que se compraz em perseguir, mediante a utilização de covardes acusações contra todo aquele que lhe parece superior e não consegue superar.

Ao reconhecer os limites em que se encontra, busca apoio em outros que são nobres para tornar legítimas as suas acusações, pois, destituídos de valores elevados, sabem que não são acreditados nas suas denúncias infelizes, porque inverídicas.

Portadores de imaginação fértil, transformam facilmente ocorrências e condutas dignas em desídias e desvios. Ao utilizarem-se de meias verdades, estabelecem os seus programas de forma espantosa, que surpreendem as pessoas menos avisadas e as convidam à adesão, o que muitas vezes é conseguido.

DESAIRE
Ato vergonhoso, desdouro, vexame.

COMPRAZER
Autossatisfazer (-se), deleitar-se.

DESÍDIA
Falta de atenção, de zelo; desleixo, incúria, negligência.

A calúnia expande-se com facilidade por ser portadora das misérias morais humanas comuns na maioria dos membros da sociedade, enquanto se encontram nas faixas primárias da evolução.

Com grande habilidade, consequência de suspeita infundada, Herodes, *O Grande*, denunciou a esposa Marianne, que o ajudara a conseguir o trono, como adúltera, e mandou matá-la após julgamento arbitrário, no qual a mãe da princesa, sob ameaça do déspota, testemunhou contra a filha inocente.

Domício Nero e sua corte devassa imputaram aos cristãos o incêndio de Roma, que ele mandara realizar, e abriram espaço para o martírio daqueles que viviam de maneira ímpar, seguindo a doutrina do Mestre Jesus.

> IMPUTAR
> Atribuir (a alguém) a responsabilidade de (algo censurável); assacar.

Nunca houve um período no qual a hediondez da calúnia não haja estado presente.

O julgamento de Jesus e Sua crucificação foram resultado das calúnias dos fariseus e do Sinédrio.

> SINÉDRIO
> Na Palestina, sob o domínio romano, assembleia judia de da classe dominante à qual diversas funções políticas, religiosas, legislativas, jurisdicionais e educacionais foram atribuídas.

Durante a Sua jornada, muitas vezes Ele enfrentou os inimigos que O caluniavam, e os compreendeu na sua inferioridade.

Allan Kardec, o Missionário da Revelação espírita, foi caluniado e ainda prossegue, mantendo-se incorruptível na sua missão libertadora através da verdade e do amor que dedica à Humanidade.

Os médiuns, em geral, sempre foram crucificados pelas calúnias mais perversas.

Na Idade Média eram consumidos nas fogueiras, e hoje perseguidos pela infâmia de companheiros invejosos quando são fiéis ao ministério que abraçam.

Não te creias imune à calúnia. Talvez ignores, mas és também vítima de muita sordidez que, felizmente, não te alcançou.

❖

No comportamento humano as disputas de posição, as perseguições por antipatias são o cotidiano de vidas incontáveis.

Animosidades do pretérito, ojeriza do presente dão lugar a inimizades injustificáveis e a lutas morais sem sentido.

Todo indivíduo que se destaca na multidão, em face dos ideais e da abnegação que esposam, despertam sentimentos contraditórios em outros, que se levantam furibundos contra a sua dedicação, por serem incapazes de servir e de amar, em processo de construção do bem nos corações. Espalham azedume e reações perturbadoras, como vingança, reconhecendo que não são capazes de fazer o mesmo, permanecendo em posição inferior.

Nesses embates a calúnia é utilizada como vírus de desmoralização contra qualquer um que é considerado, dessa forma, adversário.

Não te surpreendas, pois, com as perseguições periódicas dos desvairados que não se comprazem com o que conseguem.

Anelam muito mais, porque o seu vazio existencial é resultado de atos ignóbeis no ontem, no seu passado espiritual, como no hoje, na atual reencarnação.

Não aceites a calúnia apresentada por ninguém.

Ignora-a, mantendo-te irretocável mediante os teus atos.

Persevera no teu compromisso como se nada houvesse acontecido. Em realidade, nada ocorreu, porque tu sabes a verdade e o teu acusador também é dela conhecedor.

Nunca vitalizes a infâmia, valoriza a verdade e não dês importância às acusações dela defluentes.

Há um tribunal inviolável em cada ser humano, sediado na consciência, do qual ninguém foge.

OJERIZA
Sentimento de má vontade, aversão, antipatia gerado pela intuição, por uma percepção, um ressentimento.

ESPOSAR
Aceitar e defender.

FURIBUNDO
Cheio de raiva; furioso.

IGNÓBIL
Que não é nobre, que inspira horror do ponto de vista moral, de caráter vil, baixo.

IRRETOCÁVEL
Que não exige retoque; acabado, perfeito.

INFÂMIA
Dito contra a reputação ou a honra de (pessoa, instituição); calúnia.

Ele sempre atua, às vezes, um pouco tardiamente, mas sempre surge no infrator, a fim de dar-lhe chance de reabilitar-se.

Confia na dádiva do tempo que tudo aclara e transforma.

O teu silêncio é a resposta inesperada ao acusador que aguarda o ensejo de prolongar a luta mediante discussões impróprias.

Todo aquele que se destaca na massa humana e chama a atenção faz-se vítima da chalaça dos tíbios, da inveja dos mesquinhos, da calúnia dos portadores de complexo de inferioridade.

Ora por eles e ama os teus caluniadores.

Eles merecem a tua compaixão.

❖

O mundo humano estertora em dores contínuas.

A falta de amor enlouquece os grupos sociais desavorados.

As injustiças de todo tipo enfurecem os fracos e abandonados.

A indiferença mata esperanças.

Distribui alegria e bondade.

Sorri e ajuda.

Jesus conta contigo entre os espinhos das calúnias e pedradas da difamação.

CHALAÇA
Dito ou gracejo de mau gosto; zombeteiro, escárnio.

TÍBIO
Frouxo, descuidado, remisso.

ESTERTORAR
Agonizar, arquejar, extinguir-se.

CAPÍTULO 30

SUBLIMIDADE DO AMOR

Joanna de Ângelis

Dias se apresentam na existência de todas criaturas caracterizados por aflições de tal monta, que dão a impressão de que tudo te conspira contra a paz.

Planos cuidadosamente programados resultam em verdadeiros e inesperados desastres que desanimam, conspirando contra futuras aspirações.

Anelos acarinhados com ternura e expectativas transformam-se em verdadeiros pesadelos.

Comportamentos saudáveis que respondem pela edificação ética são interpretados como aberrantes, e ficas aturdido.

O organismo parece desrespeitar as imposições do Espírito e estranhas sensações tomam-te grande parte do corpo, dando a impressão de enfermidades em surgimento ou esgotamento desanimador.

Sentes frio interior e solidão estranha expande-se do recôndito do teu ser, enquanto nuvens carregadas de pessimismo atingem o discernimento e a coragem para o enfrentamento das lutas abençoadas.

Nessas ocasiões, tens a sensação de que tudo está contra os teus ideais de enobrecimento e que nada valem os esforços em prol de uma conduta espiritual trabalhada no amor e na solidariedade.

RECÔNDITO
Parte central, interior de alguém ou algo; âmago.

VILEGIATURA
Temporada que se passa fora da zona de habitação habitual; temporada de recreio, férias.

RESSUMAR
(Fig.) Revelar, transparecer.

RECESSO
(Por ext.) Local íntimo e resguardado.

Esse estado especial de acontecimentos não é apenas ocorrência que somente a ti sucede. É comum a todas criaturas durante a vilegiatura carnal. Faz parte do processo de desenvolvimento moral e espiritual. Ressuma do inconsciente onde se encontra sob camadas as memórias não resolvidas.

O processo de evolução é desafio para todos viandantes carnais, que necessitam superar as fixações primitivas, nas quais a necessidade de autodefesa armazenou nos recessos do ser como mecanismos de aprendizagem ora superados.

De alguma forma são preciosos contributos da experiência para novas aquisições na área da razão.

A libertação do primarismo exige alteração de conduta e fixação de novas propostas de amor, essa divina essência que se encontra em todos os seres.

Esse acontecimento é indispensável para que haja real transformação moral e mais equilíbrio emocional no teu processo evolutivo.

Para a vitória do cometimento, a melhor terapêutica ainda é a vivência das lições de incomparável beleza vividas por Jesus e legadas à posteridade de que agora tomas conhecimento lúcido e sentes a necessidade de vivenciar.

❧

GREGÁRIO
Relativo a grei; diz-se de animal que faz parte de uma grei, de um rebanho; que gosta de ter a companhia de outras pessoas; sociável.

Nunca te sintas a sós, porque a solidão é mais um processo de autopunição do que realidade.

Todos os indivíduos, graças ao seu instinto gregário, necessitam de companhia para comprazer-se. O problema, porém, não é o acompanhamento, mas quem se encontra ao lado. Nem sempre o ser que está ao alcance é o preferido, razão por que existe solidão a dois e a mil... E o acompanhamento de apenas alguém especial que proporciona harmonia e plenitude.

Tem, porém, em mente, que estás na Terra em experiência de resgate para a ascensão, ao invés de acreditares que estás redimido.

Sempre quando sintas a ausência de alguém que te preencha o vazio existencial, pensa no Amor e ele suavizará a tua ansiedade.

Aqueles que do Mais-além te amam, velam por ti, protegem-te, evitam que males mais graves te aconteçam. Talvez não os vejas, mas os sentirás se te treinares em captar as superiores emoções e os fluidos de harmonia.

Não esmoreças, pois, na caminhada solitária, quase invejando aqueles que estão ricos de ternura e nem sempre se dão conta. Vês o exterior, e provavelmente alguns desses que te parecem felizes também estão aguardando outras companhias. A existência humana, não poucas vezes, apresenta-se paradoxal.

Nunca te lamentes ante a solidão que te entristece.

Aceita as migalhas que chegam quase inesperadamente e referta-te de alegria.

Há sempre alguém olhando-te e desejando estar ao teu lado, enquanto desejas, por tua vez, estar ao lado de outrem.

Em qualquer circunstância ama sempre.

Repleta o coração com aquilo que te falta, a fim de poderes reparti-lo com outros carentes de ternura e necessitados de paz.

Por enquanto, sê tu quem ama, oferece o que te falta, a fim de receberes um dia, quando passar a tempestade que ruge em teu coração.

O amor é o sublime alimento que atende a todas necessidades que existem. Nunca permitas que se escasseie nos teus sentimentos. Quanto menos recebas, mais o doa em abundância, porque ele se multiplica em razão de proceder do Pai Celestial.

ESMORECER
Tornar sem ânimo, sem forças; enfraquecer, entibiar, afrouxar.

PARADOXO
Aparente falta de nexo ou de lógica; contradição.

REFERTAR
(Neol.) Encher (-se); completar (-se); avolumar (-se).

De todas as conquistas morais e espirituais que existem, o amor é a mais importante, porque é o sentimento que conduz ao holocausto, se preciso, a fim de que o ser amado seja feliz. A felicidade de quem ama, nem sempre é ser correspondido, mas ver feliz aquele que é homenageado pelo afeto.

Derrama luz e paz pelo caminho de quem amas e felicita-te por poder fazê-lo.

Talvez o beneficiado não perceba que lhe és o anjo protetor. Isso não é importante, porque o valioso é tu saberes.

Nunca desistas de amar, aplicando a sublime terapia da ternura por onde passes, com quem estejas.

❖

A grande saga de Jesus em Seu Evangelho é o poema de Amor que Ele cantou e viveu até o momento sublime das últimas instruções, após a inesquecível ressurreição.

Até hoje ninguém amou à Sua semelhança.

Busca-lhe a memória e vive-a no teu dia a dia.

Se sentires necessidade de chorar, faze-o, porém, cantando o hino incomparável das Bem-aventuranças, mediante o qual Ele modificou as leis existentes e inaugurou o período da sublime imortalidade.

NOTAS

NOTAS

NOTAS

NOTAS

NOTAS

Este livro foi impresso na
LIS GRÁFICA E EDITORA LTDA.
Rua Felício Antônio Alves, 370 – Bonsucesso
CEP 07175-450 – Guarulhos – SP
Fone: (11) 3382-0777 – Fax: (11) 3382-0778
lisgrafica@lisgrafica.com.br – www.lisgrafica.com.br

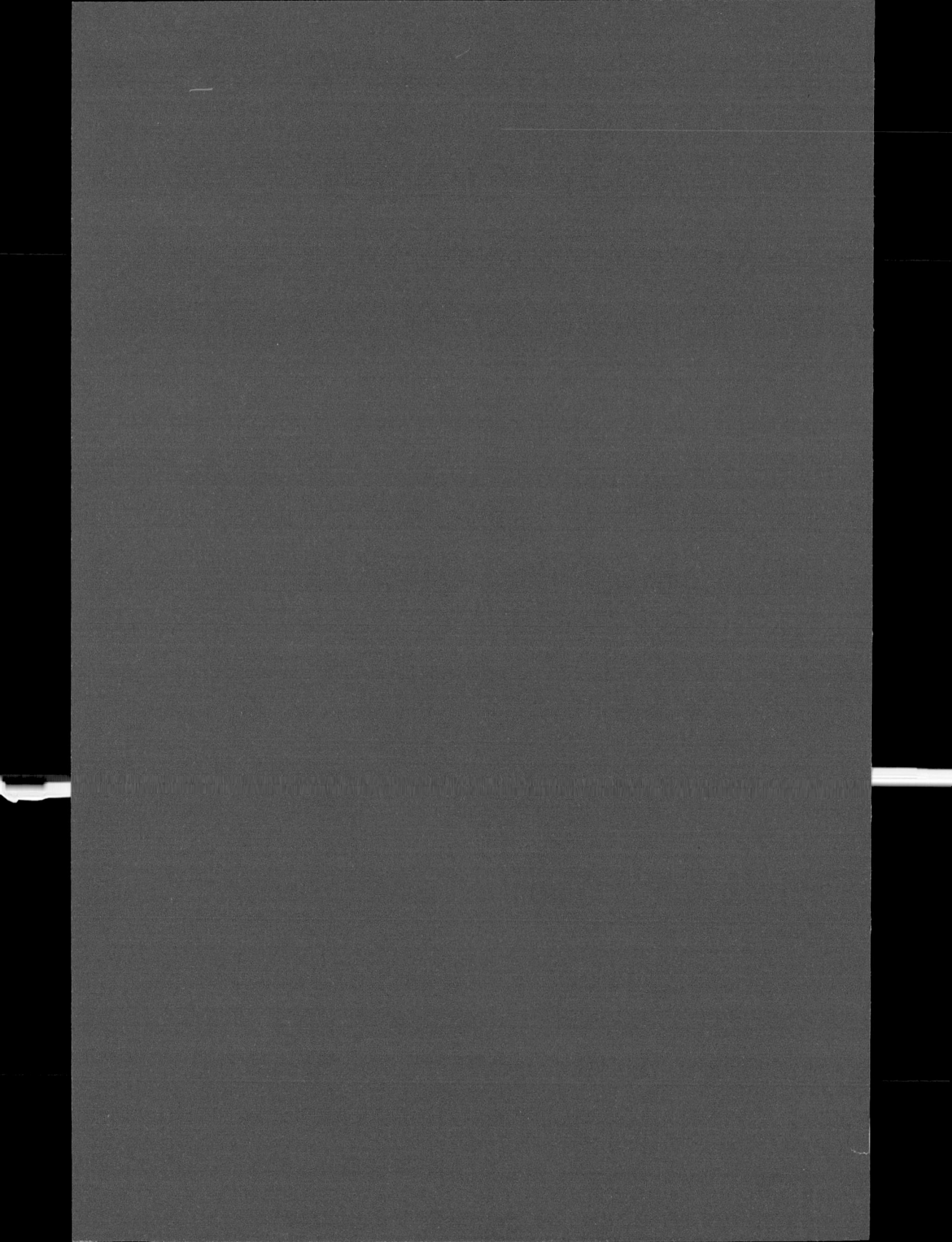